Andreas Rieninger
Römerstr. 8
P4556 Kastl

Paul Schallweg
Opern auf Bayrisch
2. Akt

Paul Schallweg

Opern auf Bayrisch
2. Akt

Mit Illustrationen von Dieter Olaf Klama

rosenheimer

© 2015 Rosenheimer Verlagshaus GmbH & Co. KG, Rosenheim
www.rosenheimer.com

Titelbild: Dieter Olaf Klama
Illustrationen im Inhalt: Dieter Olaf Klama
Satz: Bernhard Edlmann Verlagsdienstleistungen, Raubling
Druck und Bindung: CPI Moravia Books, Pohořelice
Printed in Czech Republic

ISBN 978-3-475-54431-6

Inhalt

La Traviata

oder
Die Verirrte
von Giuseppe Verdi

Sehr frei in bayrische Umstände übertragen

De Gschicht, de i euch jetzt erzähl,
is ehrlich wahr bei meiner Seel.
Passiert is sie vor hundert Jahr,
wia Münchn no vui kloana war.
Der Sohn vom Bräu drunt in der Au,
der is vernarrt in eine Frau,
mit der er nia a Wort hat gred't.
Ma möcht's net glaam, wia so was geht.

Er hat sie da und dort scho gsehng,
und glei beim erstn Moi is' gschehng,
dass' eahm sofort an Riß hat gebn:
»Mein Gott, des waar de Frau fürs Lebn!«
Er hat no nia aufs Äußre gsetzt,
der Ganter Fred, jedoch grad jetzt
kimmt's eahm so vor, ois hörad er
a starke Stimm von innen her:
»He, Fred, des is de Frau für di!
Es juckt di koane so wia sie.
Du bringst s' net auße aus deim Hirn.
Geh's o, du derfst koa Zeit verliern,
damits' dir koana wegaschnappt!«
Tatsächlich, wenn er's gsehng hat ghabt
im Hoftheater oder wo
ma sonst auf Geldleut treffa ko,
auf elegantes Publikum,
warn immer Männer um sie rum.

Am stärksten is sei Unruah gwen,
wenn ers' mi'n Baron Zick hat gsehng.
Der Herr von Zick war stadtbekannt
ois Stenz, aufs Höchste elegant,
und dauernd hinter ihra her.
Wenn oana gfährlich werd, dann der!

9

Des hat'n richtig zapplad gmacht.
De Angst verfolgt'n Tag und Nacht,
dass er net hikummt an des Wei!
Zum Narradwern, eahm foit nix ei!

De Gschicht erst dann a Wendung nimmt,
wia er mi'n Pfeiffer z'sammakimmt.
Sie gehnga grad zum Sollerwirt
in Richtung Tal, da is' passiert.

Der Pfeiffer Max, sei Freund, sagt glei:
»Was nützt de ganze Schwärmerei,
wennst von dem Madl gar nix woaßt,
woher sie is und wia sie hoaßt!«

Da duat der Fred fast einen Schrei.
»Schaug hi, da steigts' in d' Droschkn ei!«
De Droschkn war a guats Stück weg.
Der Max sagt glei: »Es hat koan Zweck!
Renn ihr net nach, des schaugt dumm aus.
I konn dir sagn, in welchm Haus
sie wohna duat und wia sie hoaßt.
I bin mit ihr befreundet, woaßt.

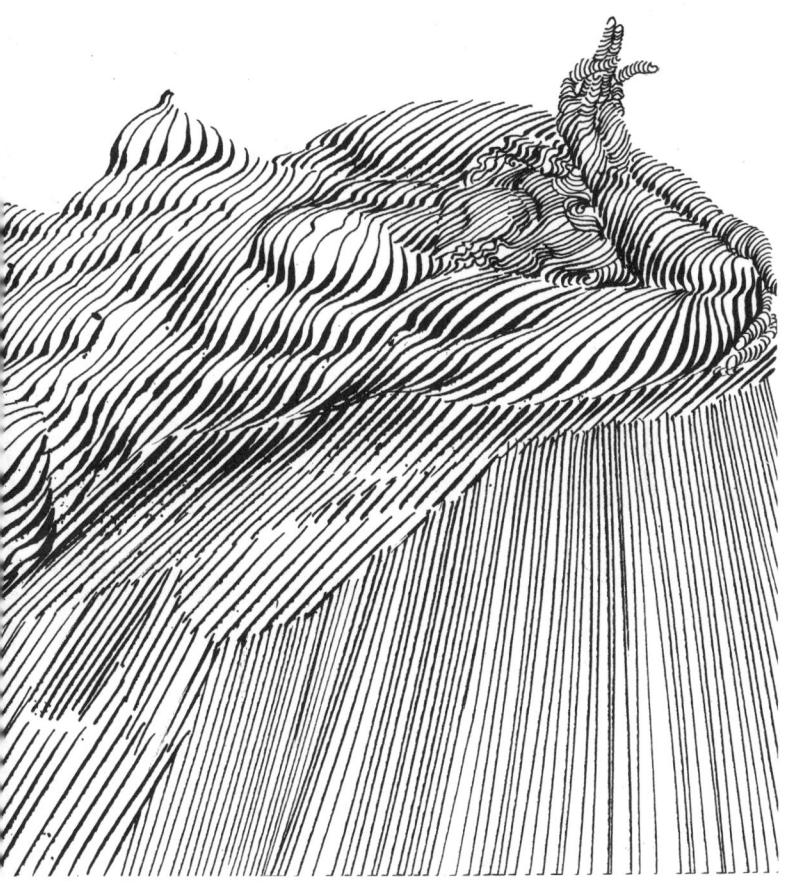

Sie lad't oft Gäste zu sich ei,
und i bin immer gern dabei.
A Kreis von lauter feine Leut …
Morgn abnds zum Beispui, hast da Zeit?«

Der Fred zerfloss in Wonne schier.
Morgn abnds scho werd er sei bei ihr!
Ob er dann wohl ihr Herz gewinnt? –
Der Pfeiffer Max hat denkt, der spinnt!
»De Gschicht werd net so einfach sei.
Kurzum: I warn di vor dem Wei!
In Gsellschaft is sie amüsant,
doch ihre Launen san bekannt.
Aa wenn ma moant, sie daat oan woin,
nach kurzer Zeit lassts jedn foin.
A Frauenzimmer, gfährlich schee,
Sattler Fini schreibt sie se.«

De Sattler Fini, wia ma woaß,
war früah scho auf de Männer hoaß.
Sie hat guat ausgschaugt ohne Frag,
mit Pfeffer, wia's a Mannsbuid mag.
Ihr Gsicht war hübsch und interessant,
in des ma leicht verliam sich kannt.
Mit Männer war sie nia verlegn.
Des hat ma damois deutlich gsehng,
wia sie nach Münchn kemma is.
Da war sie ihrer Sach schnell gwieß:

Ois ledigs Kind aus Berg am Loam
suachts' in der Stadt a neus Dahoam
im Haushoit oder im Büro,
wo sie sich nützlich macha ko.
So kimmts' zum Goldschmied Sattler hi.
Der hat glei brennt und heirat' sie,
obwoi er fuchzg Jahr älter war
ois sie mit ihre achtzehn Jahr.

Der Goldschmied Sattler aber hat
– um eahm war's wirklich ehrlich schad –
am Hochzeitstag sein Magn verdorm
und is sechs Wochn später gstorm.
Die Fini, muaß ma aa no sagn,
hat kurz, doch ehrlich Trauer tragn.
Doch dann hats' gsagt: »Jetzt möcht i lebn!«
Aufs Bürgerliche hats' nix gebn.
Sie hat ois g'erbt, Vermögn und Haus,
so führts' a Lebn in Saus und Braus.
Fast jedn Abnd hats' Leut eigladn,
de in der Stadt an Nama ham,
und hats' bewirt' im Überfluss.
Es war für sie ein Hochgenuss,

umschwärmter Mittelpunkt zu sei
bei Musi, Tanz und Liebelei.

De Männer ham sie hoaß begehrt.
Gelegentlich hats' oan erhört,
doch net umsonst, sie hat scho gwusst
den Höchsttarif für soiche Lust.
Sie hat a Lebn gführt, wia's ihr taugt,
nia ernsthaft nachm Konto gschaugt,
ob no gnua Geld is auf der Bank.
Wias' gwusst hat, sie is lungenkrank,
da war ihr sowieso ois gleich.
Ganz wurscht, obs' arm stirbt oder reich,
hats' denkt, i leb, ois ob nix waar!
So san verganga scho zehn Jahr,
seitdem die Fini Witwe is.
Dass' net lang lebt mehr, des is gwieß.
'as letzte Geld is boid dahi,
doch gibt's durchaus koan Hoit für sie.
Sie wui genießn, solang's geht,
von »anders lebn« war nia de Red.

Und wieder ladts' a Gsellschaft ei.
Der Pfeiffer Max war aa dabei.
Mit eahm sei Freund, der Ganter Fred.
Und wia der vor der Fini steht,
da schaugt er hingerissen drei'.
»Ich hab heut einen Freund dabei!«
So stellt der Pfeiffer Max ihn vor,
und d' Fini is ganz Aug und Ohr
und hoit eahm d' Hand zum Küssn hi.
Der Ganter Fred siecht nur noch sie
und sagt, dass er sie sehr verehrt
und ihre Freundschaft hoaß begehrt.

Aa sie sagt glei verliabte Wort.
Sie merkn alle zwoa sofort,
dass' mehr is ois wia Sympathie,
was sie verbindt. Und wia dann sie
sei Hand nimmt und ihm leise sagt
– vom Nebenraum klingt Walzertakt –,
ob er sie jetzt zum Tanzn führt,
da konn ma sagn, is' scho passiert,
dass sie verliabt san inanand.
Doch dann sagts', dass' net tanzn kannt,
weils' grad a Huastnanfall plagt.
Da hat er voller Mitleid gsagt,
er bleibad gern mit ihr alloa.
So sans' lang gsessn alle zwoa.

De Gsellschaft, de hat tanzt und glacht.
Im Nebnraum, spät in der Nacht,
hat sie dann gsagt: In Starnberg drauß,
da hätts a schöns kloans Sommerhaus,
ob er mit ihr da nausgeh wui.
Da reißt's an Fred beinah vom Stui.
Für drei, vier Wocha, fügts' hinzua,
sie brauchad grad a wengerl Ruah.
Sie wohnadn direkt am See.
Zu zwoat waar's sicher traumhaft schee.

Der Fred, der konn's net fassn schier,
wia er da glücklich waar mit ihr.
Doch werd des gwieß net möglich sei.
A Urlaub von der Brauerei,
der is woi im Moment net drin,
und einfach wegbleibn hat koan Sinn.
Mi'n Vadda braucht er gar net re'n,
der is auf jedn Foi dagegn …

Dann plötzlich gibt's eahm einen Ruck,
er is am Zui, er derf net zruck!
Zu groß is de Verlockung gwen,
so hat er ihr zur Antwort gebn:
»Natürlich hab i sofort Zeit!
Nach Starnberg is' ja eh net weit!«

So fahrns' bereits am andern Tag
– wenn d' Liab moi brennt, geht's Schlag auf Schlag –
nach Starnberg naus zum Haus am See.
De Tag warn wirklich wunderschee.
Es war a Glück, net zum beschreibn.
Und er woit »ewig« draußn bleibn.

Doch nix währt ewig, wia ma woaß.
Und brennt a Liab aa no so hoaß,
es ziahgt se meistns irgendwann
und irgendwo a Weda z'samm.

Der oide Bräu drunt in der Au
werd aus dem Ganzn net recht schlau.
Sei Sohn, der Fred, is einfach weg
und kümmert se seitdem an Dreck
um d'Arwad in der Brauerei.
Verdammt, wo mag der Bua bloß sei?

Er macht kurz Urlaub, hat er gsagt,
und eh der Vadda weiterfragt,
is er scho fort, neamd woaß, wohi.
Er sitzt alloa da, saxndi!
Und d'Arwad drängt'n hint und vorn.
Er hat an grenznlosn Zorn.

Was dann passiert, gibt eahm an Rest.
Es guit seit langer Zeit ois fest,
dass der Herr Graf von Hanonbert
sei Tochter Lina heira'n werd.
Da kimmt der Graf heut Früah daher
und sagt, er wui nix wissn mehr.

Er hat sich übern Fred empört,
weil der mit einer Hur verkehrt,
vier Wocha scho, in Starnberg drauß,
da hätt des Luada a schöns Haus.
»Da wohnas' drinna, er und sie,
und d'Leut zoagn scho mi'n Finger hi,
weil d'Sattler Fini, des is gwieß,
ein stadtbekanntes Flitscherl is.«

Der Graf war fertig mit der Red,
setzt sein Zylinder auf und geht.
An Ganter hat's glei d'Stimm verschlagn.
Sei Gsicht war blass, er konnt nix sagn.

Eahm foit nur bloß des oane ei:
Er muaß nach Starnberg, und des glei.
»Es hat in meinem ganzn Lebn
noch nia an soichan Saustoi gebn!
Im Haus und in der Firma net,
ma huift hoit z'samm, so guat ois geht.
Und jetza des! I bin erschlagn!
Ois zwengs der Hur! Dem werd i's sagn!«

Vier Wochn warns' in Starnberg drauß.
De hoaße Liab, de brennt net aus.
Des guit auf jedn Foi fürn Fred,
ob aa für d' Fini, woaß ma net.

Es war a wunderbare Zeit,
doch eines Tages is' so weit.
Auf oamoi is was Unguats gschehng:
Der Fred hat durch an Zufoi gsehng,
wia grad de Zofe Annamirl
ins Haus reigeht durch 's Hintertürl.

Und wia ers' fragt, wo sie denn war,
gibt sie zur Antwort klipp und klar:
An Schmuck hätts' ins Versatzhaus tragn,
nach Münchn nei, sie kannt scho sagn,
warum – er werd's ja eh erfahrn:
»D' Frau Sattler is jetzt bettlarm!
Des Lebn kost Geld, was moana S' denn!
Heut hats' den letztn Schmuck hergebn.
Und der Besitz is längst verpfändt.
Sie hat rein nix mehr in de Händ!«

Der Fred hat gmoant, eahm trifft der Schlag.
Er fahrt sofort am selbn Tag
– er war grad selber ziemlich blank –
nach Münchn nei und geht zur Bank.

Dort sagns' eahm höflich, aber klar,
dass zwar a Geld am Konto waar,
doch könntns' eahm davo nix zoihn
– des waar net möglich, selbst wenns' woin.
A Scheck, vom Vadda unterschriem,
den wenn er hätt, dann hätt's an Sinn.

Der Fred war völlig durchanand,
und plötzlich sagt eahm sei Verstand,
dass 's Lebn a so net weitergeht.
Nach Starnberg nausfahrn, des is bläd.
Er muaß mit seinem Vadda re'n,
eahm ois erklärn, dann werd er sehng,
was wer'n soi aus der ganzn Gschicht,
weil er auf d' Fini net verzicht'!
Mag's geh, wia's wui, sie werd sei Frau.
So is er nuntergfahrn in d' Au.

Es war am Namidag um drei,
und grad um de Zeit kimmt der Bräu
in seiner Wuat nach Starnberg naus.
»Warts nur, es zwoa! Ich treib's euch aus!«

So hat er immer wieder gred't,
und wia er vor der Haustür steht
und 's Annamirl eahm aufgmacht hat
und sagt, der junge Herr waar grad
nach Münchn gfahrn, »Was möchtn S' denn?«
Da hat er gschrian: »Des wern S' glei sehng!«
und is am Annamirl vorbei
direkt ins große Zimmer nei,
wo d' Sattler Fini trinkt Kaffee.
»Grüaß God! Sie wern des net versteh,
dass i so einfach einaplatz,
doch waar ois andere für d' Katz.
I bin der Ganter, und der Fred,
des is mei Sohn. – I bin net blöd,
i woaß, was Sie für oane san,
was Sie für a Gewerbe ham.
Mi geht's nix o, des gib i zua,
doch leider Gottes is mei Bua

in Sie vernarrt. A so a Schand!
Der dumme Kerl is no imstand
und buidt se ei, Sie daanan mögn!
Da bin i absolut dagegn!
Sie san mir, ehrlich gsagt, a Graus!
A Flitscherl kimmt mir net ins Haus!«

Er war a wengerl irritiert,
weil sie so dasitzt, ungeniert,
halb nackad, wias' grad kimmt vom See,
wo s' schnell no bad't hat vorm Kaffee.

Sie hat aa net beleidigt do.
»A Graus bin i für Sie, so, so!
Ihr Urteil is scho schlimm für mi.
Herr Ganter, sitzn S' Eahna hi!
I konn Sie ja a weng versteh,
doch was Sie gsagt ham, des duat weh.
I bin woi schlecht, vui spricht dafür,
doch wissn Sie net ois von mir.
I wui da drüber aa nix sagn,
a jeder muaß sei Packl tragn.
Aufs Äußre derf ma oft nix gebn,
ma nimmt's hoit hi und lebt sei Lebn.«

Der Bräu woaß nimmer, wia eahm is.
Dass' net ganz schlecht is, des is gwieß.
Und wias' daherredt, Deife nei,
da konnst ihr net ganz unguat sei.
Dann sagt er, es gaab no an Grund,
warum er zu ihr außakummt:

»Mei Tochter Lina, de verkehrt
mit einem Graf von Hanonbert.

Wenn de zwoa heira'n, waar's mir recht.
Mei Brauerei geht nämlich schlecht.
Graf Hanonbert hat Geld wia Heu,
drum kannt des durchaus möglich sei,
dass er ois Schwiegersohn von mir
– und schließlich is' net schlecht, mei Bier –
de Gschicht zum guatn Ende führt
und er mei Brauerei saniert.
Jetzt kimmt der Mensch heut Früah daher
und sagt, er wui nix wissn mehr

von meiner Lina, es waar aus.
Er heirat' niamois in a Haus,
wo sich der Sohn recht guat vertragt
– i sag's nur, wia's der Graf hat gsagt –
mit einer stadtbekannten Hur.
Sie derfa's glaam, der Mensch war stur!
Für d' Lina is' a harter Schlag.
Und wenn i Eahna jetza frag,
ob Sie vom Fred net lassn woin,
Sie daatn mir an großn Gfoin …«

Der Bräu stockt mittn in der Red,
weil eahm ganz plötzlich d'Schneid vergeht,
wia er auf oamoi deutlich siecht,
wias' blass werd und schier z'sammabricht,
grad so, ois obs' dasticka daat,
weils' huastn muaß. Er woaß koan Rat.
Was hätt er schließlich macha soin?
»Gnä Frau, i werd an Doktor hoin!«

Doch sie wehrt heftig ab und sagt,
dass' bloß a kloana Huastn plagt.
Wia der na kurz drauf aufghört hat,
hats' leise gsagt: »Es is doch schad,
wenn zwischn uns a Ärger steht.
I mag'n ja recht gern, an Fred,
doch ernsthaft is da gwieß nix dro,
und morgn, da fahr i sowieso
nach Schwabing zruck, da steht mei Haus.
Herr Ganter, gehnga S' davon aus,
dass sich de Gschicht erledigt hat.
Und jetzt fahrn S' bittschön zruck in d'Stadt.
I hab jetzt nimmer länger Zeit.
Des große Sommerfest is heut,
in Nymphenburg, beim Schwaigerbräu.
Da möcht i hi. Wia i mi freu
auf dieses wunderbare Fest!
Es kemma lauter feine Gäst …«

Der Bräu war wieder irritiert,
weil's ihr auf oamoi so pressiert.
Doch is sei Bsuach erfolgreich gwen.
Wia's weitergeht, des wern ma sehng.
»Gnä Frau, es war mir eine Ehr,
und was Sie gsagt ham, freut mich sehr.

Jetzt schaugt se ois ganz anders o.
De Lina kriagt bestimmt ihrn Mo.
Der Graf hat hoit an Rappe ghabt,
doch denk i, dass de Gschicht jetzt klappt.
I bin mit allem sehr zufrie'n
und wünsch fürn Abnd recht vui Vergnügn.«

Der Bräu is hoamgfahrn, tief gerührt.
Er ahnt net, was am Abnd passiert.

Der Bräu kimmt hoam und siecht an Fred
und schreit glei: »Bua, des geht doch net,
dass du von heut auf morgn verschwindst
und wochalang net zuawakimmst!
I war in Starnberg und woaß ois.
Schmeißt dich dem Hurenweib an Hois!
A Stund lang hab i gredt mit ihr.
Sie wui nix wissn mehr vo dir …«

»Vadda«, hat der Fred glei gschrian,
»des konn net sei, du muaßt di irrn.
Du hast mi schlechtgmacht, gib's doch zua!
I lass de Fini net in Ruah,
aa wenn du no so bist dagegn.
Sie hat mir gschworn, sie daat mi mögn.
I fahr sofort nach Starnberg naus …«
»Naa«, sagt der Vadda, »du bleibst z'Haus!
Sie fahrt nach Nymphenburg, hats' gsagt.
Dro siechst ja: Du bist nimmer gfragt.
Beim Sommerfest im Schwaigerbräu
hats' gwieß an andern Freund dabei.
An dir is' nimmer intressiert!
Sie wechslt d'Männer ungeniert!«

Da schreit der Fred, kaasweiß im Gsicht:
»Lass deine Finger von der Gschicht!
Sie geht nur mi alloa was o!«
Und draaht se um und rennt davo.

Ois, was an Nama hat und Geld,
hochedle Damen, Herrn von Welt,
is, wia alljährlich, mit dabei
beim Sommerfest im Schwaigerbräu.
Man isst und trinkt, die Stimmung steigt,
die Musi hat an Walzer geigt.

Das Tanzparkett is voi besetzt.
Mit rotm Kopf und abgehetzt
betritt der Ganter Fred den Saal.
Der Dirigent schreit: »Damenwahl!«
Die Menschen wirbeln durchanand.
Da hebt der Fred nervös sei Hand.
Weit weg hat er die Fini gsehng.
Er moant, sie gangad eahm entgegn.

Doch naa, sie schaugt woanders hi.
Da geht er gradaus zua auf sie.
Sie strebt, wia's scheint, zum Tanzparkett,
schaugt zur Musik und siecht'n net.

Er zwängt se an de Leut vorbei.
»Sie wern a so a Flegl sei!«,
schimpft oana, den er wegdruckt hat,
und glei drauf steht er kerzngrad
vor ihr und sagt mit weicher Stimm:
»Sag, Fini, freust di, dass i kimm?«
Er wui sie sanft am Arm berührn.
»I derf di doch zum Tanzn führn?«

Doch sie weicht zruck und wui vorbei.
Er denkt entsetzt: Des konn net sei!
»He, Fini, tanzt du net mit mir?
Du sagst koa Wort, was is mit dir?«

Jetzt siecht er erst, wia blass sie is,
wias' zittert, ihr is übel gwieß.
Er wui sie rausführn ausm Saal,
doch sie sagt: »Jetzt is Damenwahl!
I wähl net di! Lass mi in Ruah!«
Dann geht sie schnell auf jemand zua.

Koa freundlichs Wort hats' zu eahm gsagt.
Sei Herz sofort wia rasend schlagt,
und nomoi ruaft er: »Tanz mit mir!« –
Da steht der Baron Zick vor ihr.

Dem reicht sie lächelnd ihre Hand.
Der Herr von Zick führt sie galant
zum Tanzparkett. Musik erklingt.
Es wogt und rauscht, die Menge singt
ein Walzerlied von Liab und Lust.
Der Ganter Fred, der hat jetzt gwusst,
dass er nix mehr zum hoffa hat.
Er draaht se um, da war's eahm grad,
ois hätt er einen Aufschrei ghört.
Er denkt se weiter nix, es werd
beim Tanzn jemand higfoin sei.
Da tragn zwoa Leut a Bahre rei.
Sie laffa schnell, ois daat's pressiern,
ois derfat ma koa Zeit verliern.

Da hat der Fred an d' Fini denkt.
Schnell hat er se durch d' Menge zwängt.
Dort siecht er, wia am Tanzparkett
sie werd grad auf de Bahre bett'.

»Fini, sag, was is mit dir?«,
ruaft er und beugt se ro zu ihr.

Er siecht, dass sie nach Atem ringt
und kaam a Wort no außabringt.
A junger Notarzt steht danebn
und woit ihr glei a Spritzn gebn.
Doch sie wehrt ab. »I brauch des net!
I woaß genau, wia's um mi steht.«
Ihr Gsicht is eigfoin und schneeweiß.
Da sagt der Fred zu ihr ganz leis:
»Des war heut einfach z'vui für di!
I bring di hoam, dann legst di hi,
und morgn is alles wieder guat!«
Da siecht er: Aus ihrm Mund rinnt Bluat!

Er ahnt, dass sie koa Kraft mehr hat.
»Fini, sag des oane grad,
ob du mi wirklich nimmer magst.
I waar so glücklich, wenn du sagst,
dass' weitergeh muaß mit uns zwoa.
I bitt di, lass mi net alloa!«

A Lächeln huscht ihr übers Gsicht.
Sie zuckt no z'samm, ihr Augnliacht bricht.
»O Fred, es geht dahi mit mir.
I war no grad so grob zu dir.
Verzeih, es konnt net anders sei …«
Des hats' no gsagt, dann war's vorbei.

Sie woit eahm sicher no erklärn,
warum aus eahna könnt nix wern.
Der Tod jedoch is schneller gwen,
und so erlischt ihr kurzes Lebn.

De Gschicht geht damit jäh zu End.
Der Mensch so manches net erkennt,
is er verliabt in jungen Jahrn.
Der Ganter Fred hat's hart erfahrn.
So manche Liab brennt hoit wia Stroh,
und diamoi is ma hintnach froh,
wenn's net so nausgeht, wia ma denkt,
und nach der andern Seitn hängt.

Der Fred hat boid a Madl ghabt,
mit der er net is einedappt,
denn durch Erfahrung werd ma gscheit.
De Fini aber duat eahm leid.
Er waar nia glücklich worn mit ihr,
vergessn aber hat ers' nia.

Der Barbier von Sevilla

oder
Der Bader von Ruahpolding

Frei nach der Oper von Gioacchino Rossini

Es war no ziemlich früah am Tag,
beim allererstn Amslschlag.
A Stoitür knarzt, a Ross schlagt o,
de mehran Menschn schlafa no.

A Mo geht nei nach Ruahpolding,
is leise übers Gatterl gstiegn
vom Doktor Wadlgrias seim Haus
und holt a kloane Zupfgeign raus.
Es is der Graf von Almarei,
den ziahgt's mit Gwoit zur Fanny nei.

Er hats' scho gsehng moi hier, moi do,
doch leider war's no immer so,
dass' nia mitnand was z' doa ghabt ham.
Heut – hod er denkt – heut geht was z'samm.

De Fanny war a bluatjungs Ding.
Ma sagt, de Schönst vo Ruahpolding.
Sie schlaft net untn, sondern o'm
und hat a Zimmer mit Balkon.

Der oide Doktor Wadlgrias
hats' adoptiert ois junges Gmüas.
Doch unlängst hod er, wia's so geht,
se hoamle denkt, er waar doch bläd,
wenn er drauf wart', bis oana kimmt
und eahm des Madl weganimmt.
Wo er mit zwoarasechzig Jahr
doch grad im gsetztn Oida waar,
dass er sie selber heira'n duat.
So schiaßt's eahm plötzlich nei ins Bluat.
Und in de letztn vierzehn Tag
entwicklt se des Schlag auf Schlag.

Der zwoate Früahling foit'n o.
Und wiara nachtlings muaß aufs Klo,
spürt d' Fanny aa denselbn Drang,
schon rumpens' z'samma aufm Gang …

Er war zwar sonst a weng verklemmt,
doch wiaras' siecht im Spitznhemd,
da langt er zua grad wia varruckt.
Sie duat an Schroa und hat se duckt,
is blitzschnell in ihr Zimmer grennt.
Der Doktor Wadlgrias hat gstöhnt:
»He, Fanny, bittschön, sei net bös!
Mi hat's hoit packt, verzeih ma des!«
Doch innerlich, do hat er gwusst,
er kimmt scho no zu seiner Lust!

So hat er gmoant und net bedacht,
dass sie sich aa Gedankn macht.

Aus Angst vor seiner Leidenschaft
hat sie sich a Botschamberl kaft.
Und seitdem bleibts', wenns' bisln duat,
im Zimmer drin, und des is guat.
Dass stets der Riegl vorgescho'm war,
dass' nachts ihr Ruah hat, des is klar.

Der oide Doktor Wadlgrias
geht weiter auf de Freiersfüaß.
Heut woit er's ogeh und ihr sagn:
»Schatz, auf de Händ werd i di tragn!
Du brauchst di um koan Freier schaugn
– de junga Kammbben eh nix taugn –,
du bleibst bei mir, i heirat di.
Des is des Best für di und mi!«

Er hat net glaabt, wia schnell des geht,
dass oana unt im Gartn steht,
und no dazua Graf Almarei,
der Gfährlichste vom ganzn Gäu!
Der Wadlgrias, der ruaßlt no.
Jedoch im Zimmer links nebno,
da steht d'Balkontür a weng auf.
Der Graf schaugt voller Sehnsucht nauf.
Er langt in d'Zupfgeign und fangt o:

»O liabster Schatz, was bin i froh,
dass es di gibt, i liab di hoaß.
I werd ganz narrisch, wenn i woaß,
dass du mi gern hast grad a so.
Holladiri, holladoro!
Des Allerliabste auf der Welt,
des is de Schönst vo Ruahpolding,
de mir zum Glücklichsei no fehlt.
Ihr Herz dawoagt glei, wenn i sing!
Holladiri, holladoro!«

Doch am Balkon bleibt alles staad.
»Verfluacht nomoi, des sell is faad!«
Der Graf schaugt ziemlich grantig drei'.
Dass' dorad is, konn doch net sei.

Was dann passiert, des reißt'n um.
Er schaugt zum Sedlbauern num.
Da kimmt pfeigrad a Mo daher
und singt a Weis. De gfoit eahm sehr.
Wenn oana mittn auf der Straß
a lustigs Liadl singt fürbaß,
na kimmt des ausm Herzn raus.
Jetzt bleibt er steh direkt vorm Haus

und verbeugt se ungewöhnlich:
»Jessas, der Herr Graf persönlich!
Kennan S' denn an Bader nimmer?
War zehn Jahr lang Eahna Diener!«

Da ruaft der Graf von Almarei:
»He, Bader, Mensch, ja konn des sei?
Is des a Freud, dass i di siech!
Bist immer no des gleiche Viech?«

Der ander schmeißt se glei in d' Brust.
Eahm zuahörn war de höchste Lust:
»Desselbig Viech? – Is woi zu gring!
Denn i bin der Bader von Ruahpolding!
Und gwieß der Wichtigste weit und breit.
Wenn's mi net gebad, was daatn de Leut?
Der Bader dahi und der Bader daher,
der Bader macht alles und aa no vui mehr!

Es gibt nix im Lebn, wo der Mensch so vui redt,
ois wia grad beim Bader, ganz wurscht, um was' geht.
Drum mach i de Kundn net bloß a Frisur,
sondern verpass ehna aa a seelische Kur.
Koa Mensch is in Ruahpolding, der des net woaß,
i kenn jeds Geheimnis, drum sans' auf mi hoaß.
Geht's moi um an Liabsbriaf auf rosa Papier
oder um Weltschmerz, na kimmt ma zu mir.
Der Bader dahi und der Bader daher,
der Bader macht alles und aa no vui mehr!

Und wui oane wissn, wias' kimmt zu an Mo,
dann führ i ihr's vor, wias'n eifanga ko.
Is oane zu dumm, dass' zum Heiratn taugt,
i bring ihr oan zua, der genauso bläd schaugt.

In Liabschaftn bin i a wichtiga Mo,
mei Ladn is a hoamliges Heiratsbüro.
Der Bader dahi und der Bader daher,
der Bader macht alles und aa no vui mehr!

A Sennerin is auf der Alm ganz alloa.
Sie wart' auf an Buam, dawei kemma glei zwoa.
Natürlich hams' graft und se bluatig verschlagn.
Oi zwoa hams' hoibtoter ins Doi owetragn.
Waarns' vorher bei mir gwen, na waar's net passiert,
bei mir wer'n de Liabschaftn gnau registriert.
Bevor so a Madl a Mannsbuid ham konn,
verlang i natürlich mei Provision.
Ob i Geld wui, fragt 's Madl, oder Naturalien möcht,
wenns' nackad san, sag i, waarn Naturalien net schlecht.
Hat oans Hemaritn, konn helfa nur i,
und aa bei Verstopfung und Durchfoi fragns' mi.
Bei Zahnweh, da reiß i zwoa Zähn oder drei
und manchmoi a vier, is der rechte dabei.
Muaß oans operiert wer'n, des mach na net i.
I sag: Geh zum Doktor, du Depp, sonst bist hi!
Der Bader dahi und der Bader daher,
der Bader macht alles und aa no vui mehr.«

Der Graf is höchst beeindruckt gwen.
»Ja Menschnskind, konn's so was gebn!
Du kimmst im richtign Moment!
A Mo, der alles woaß und kennt!
Schaug aufe da zu dem Balkon!
Du kriagst von mir den höchstn Lohn,
wenn du des Madl mir verschaffst.
Was stehst so doikad da und gaffst?«
»Des Madl«, hat der Bader gsagt,
»mein Gott, wia vui ham da scho gfragt!

I woaß, sie is recht liab und süaß,
doch hat der Doktor Wadlgrias
de Finger auf seim Ziachkind drauf!«
»Red net so laut! Du Depp! Schaug nauf!«,
zischt da der Graf von Almarei.
»Es rührt se was, des muaß doch sei!«

Wahrhaftig schwebt auf dem Balkon
– was sagn da schwache Worte schon!
Ma konn des einfach net beschreibn,
des schönste Wort muaß unterbleibn!
Koa Sprach reicht aus, um des zu sagn,
wia schee sie war! – Brauchts gar net fragn!

Ma braucht nur grad an Graf oschaugn,
dem hat's schier außabaazt de Augn!
Sei Mund steht auf, er sagt koan Ton
und starrt entgeistert zum Balkon.

Erst wia der Bader lustig schreit:
»Guat Morgn, Frei'n Fanny! Schee is' heut!
I hoff, dass Sie guat gschlafa ham!«
Da reißt se aa der Graf schnell z'samm.

Ma glaabt des net, was jetzt passiert:
Er hat se aufn Bo'n hikniat
und in sei Zupfgeign eineglangt
und singt: »O Himme, sei bedankt,
dass diese Stunde mir gewährt.
O holdes Mädchen, sei verehrt!
Dein Anblick mir das Herz erfrischt …«
»Du liaber Gott, hat's den dawischt!«,
hat drauf der Bader leise brummt.
Doch dann sans' alle zwoa verstummt.

'as Madl wirft mit zarter Hand
a Briaferl ro zum Straßnrand.

Der Graf hebt's auf, wui's lesn schnell,
da fahrt's eahm eine in sei Gstell.
Nur müahsam kimmt er auf de Füaß …
O'm steht der Doktor Wadlgrias
und lasst a Donnerwetter ro:
»Ihr Rotzbuam, he, was woits denn do?
Machts net glei, dass' zum Deife gehts,
bevor i euch an Hund nachhetz!«
Der Wadlgrias is voller Wuat
und o'mdrei siecht er nimmer guat,

drum hat er aa de zwoa net kennt.
De san glei ins Gebüsch neigrennt
und ham dort gwart, was weiter is.
»Der Deife hoit euch, des is gwieß!«
Der Wadlgrias is außer sich,
hat gschrian und gfluacht ganz fürchterlich.
Dann sagt er dumpf zur Fanny hi:
»Du woaßt Bescheid, i heirat di!
I bstell sofort jetzt den Notar,
heut abnds um sieme geht ois klar.«

Die Fanny sagt koa Wort dazua.
Der Doktor Wadlgrias rennt stur
Minutn später ausm Haus.
Er is mit aller Macht drauf aus,
dass d' Fanny schnell sei Gattin werd,
denn mehrmois hod er scho was ghört,
dass andre aa des Madl mögn.
Des hod er heut erst wieder gsehng.
»I muaß auf Draht sei!«, hod er denkt,
»wer woaß, an wem sie sonst no hängt!«
Er is zwar net der Jüngste mehr,
doch kimmt er elegant daher.
Wer anderes behaupt', der lüagt,
und sie derf froh sei, wenns'n kriagt.

Der Wadlgrias rennt zum Notar,
und grad ois ob nix gwesn waar,
san de zwoa Männer wieder da.
Graf Almarei war narrisch froh,
weil in dem Briafal z' lesen war:
»O Herr, Ihr singet wunderbar!
Ich hab's gehört im Zimmer drin,
und gar verwirret war mein Sinn!

Wenn ich nur wüsste, wer Ihr seid!
Der Wadlgrias tut mir zwar leid.
Er wünscht mich heiß als seine Frau.
Natürlich weiß ich sehr genau,
dass ich mein Glück bei ihm nicht find.
O könnt ich wissen, wer Sie sind!«

Der Graf ruaft aufe zum Balkon:
»Herzallerliebste, sieh, ich komm!
Will gleich an deiner Seite sein.
Mein Name, der ist Geiglstein.
Ich bin der Deine für und für!
Kimm runter und mach auf die Tür!«

Der Graf gibt se inkognito,
damit er des beurteiln ko,
ob sie ihn liebt genauso sehr,
aa wenn er waar der Irgendwer.

Da duat die Fanny glei an Schroa:
»O bittschön, naa, i konn's net doa.
Der Wadlgrias kommt glei zurück,
und dann waar's aus mit unserm Glück.
Heut abnds um sieme, hod er gsagt,
kimmt der Notar zum Eh-Kontrakt.
Dann werd i, wenn ma no so graut,
mi'n Doktor Wadlgrias getraut.
Drum muaß bis dahi was passiern.
Schnell fort, ihr derfts koa Zeit verliern!«

Der Graf hat knirscht mit seim Gebiss.
»Glaab ja net, Madl, i hätt Schiss!
Mir gehnga, weil's net anders geht.
De Gschicht werd mir allmählich z'bläd.

Wir müaßn fort, es duat ma leid.
Mir kemma zruck, und zwar no heut.
I woaß net wann und woaß net wia,
i woaß nur, dass i muaß zu dir,
bevor er kimmt, der Herr Notar.
I siech de schreckliche Gefahr …«

»Koa Wort mehr! Machts euch schnell auf d' Füaß!
Dort kimmt der Doktor Wadlgrias!«
De Fanny fangt glei 's Zittern o.
De andern zwoa san schnell davo.
Der Wadlgrias hats' nimmer gsehng.
Sei Blick is freundlich, aber streng,
wia er im Haus zur Fanny sagt:
»Mir macha heut no den Kontrakt.
Um sieme kimmt der Herr Notar!«
De Fanny duat, ois ob nix waar.
Sie hat a wengerl Angst verspürt.
Was woi bis dahi ois passiert? –
De Gschicht kimmt ihr recht spanisch vor.
A Melodie klingt ihr im Ohr,
woi von Rossini oder so,
de pfeifts' und is dann wieder froh.

Im Wirtshaus zum Zigeunerbräu,
da is der Graf von Almarei.
Und neba eahm der Bader sitzt,
und alle zwoa ham narrisch gschwitzt.

Sie wissn net, wia's weitergeht.
»Des mi'n Notar is wirklich bläd.
Wenn der net kaam, na hätt' ma Zeit.
So müaß ma unbedingt no heut
a Lösung findn, geht's, wia's mag!«,
sagt dumpf der Graf. Doch auf oan Schlag
springt plötzlich dann der Bader auf:
»I woaß den weiteren Verlauf!
Herr Graf, mir gehnga in d' Kasern.
Dort kennt man Sie ois Landesherrn.
Mir leicha uns a Uniform,
scho ganz was Zackigs hint und vorn.
Sie ziahng ois General sich o,
und i geh ois Serschant voro.

So gehng ma hi zum Wadlgrias.
Wern S' sehng, der Kerl kimmt schnell auf d' Füaß,
wenn S' sagn, Sie möchtn a Quartier.
Was moana S', was grad los is hier!
Soidatn schier in jedm Haus.
Der Wadlgrias kriagt niamois raus,
dass Sie der Graf san, derfa S' glaam.
Und unsre Köpf, de richt ma z'samm!
Sie kriagn an strenga Rauschebart
und i an Schnauzer, ganz apart.
Da kimm i bei de Weiber o,
papp i mir einen Schnauzbart dro.
Und wenn de Weiber aa so dean,
ois hä'ns' an Schnauzer gar net gern …

Und san ma amoi drin im Haus,
der Wadlgrias schmeißt uns net naus!
Ois weitere, des kriagn ma hi …«
»He, Bader, du bist a Genie!
Für soiche Sachn bin i z' bläd.
Was daat i, wenn i di net hätt!
Regiern, des konn i ohne Müah,
auf so was aber kaam i nia!«

»Des macht nix«, hat der Bader gsagt.
»'as Denka is mehr untn gfragt.
Denn wer regiert, hat wenig Zeit
zum Denka, da braucht's extra Leut.
De Obern dean repräsentiern,
ois weitere daat dazu führn,
dass' für ihr Amt schwer büaßadn,
wenns' aa no denka müaßadn.«

Der Graf war bis ins Herz gerührt.
»Ein hoher Ordn dir gebührt!
A Stern am Band, des möcht scho sei,
doch leider hab i koan dabei.«
»Herr Graf, i wui koan Ordn net,
vui liaber waar ma Geld, wenn's geht.«

»Na guat«, sagt drauf Graf Almarei.
»Wenn ois guat nausgeht, konn's scho sei.
Sag's ehrlich: Wia vui Guidn möchst?«
»A kloane Rente war des Höchst!«

»A Rente wuist auf Lebenszeit? –
Da muaß scho alles klappn heut!
Des waar vielleicht am End a Grund.
He, Bader, woaßt, du bist a Hund!

De Gschicht hat bloß oan Hakn no:
de Frag is, ob i zeitlich ko.
Um fünfe is 's Manöver aus,
und d'Leut, de san auf Ordn aus.
Um hoibe sechse is Appell.
Verlass de drauf, es geht ganz schnell.
A zehn, zwölf Ordn ungefähr
muaß i verteiln ois Landesherr.
Wenn des vorbei is, kimm i gschwind.
Dann hoi i mir des schöne Kind.
I wui koan Zwang, des derfst ma glaam,
doch denk i, 's Madl wui mi ham.
I fui's genau: Sie liabt mi hoaß
von ganzm Herz, obwois net woaß,
dass i a Graf bin, schlappradi,
siechst, so was überwältigt mi.«

'as Ende geht dramatisch her.
Der Graf is net zum Hoitn mehr.
Der Wadlgrias hat finster gschaugt.
De ganze Sach hat eahm net taugt.
A Einquartierung, was net gar!
Wo eh im Haus a Platz kaam war.

Der General und sei Serschant
san o'mdrei no recht überspannt.
Der General hat gsagt: »San S' froh,
dass' so an hochgestelltn Mo
wia mi in Einquartierung ham,
des is a Glück, des derfa S' glaam.«

De Fanny war grad net im Haus.
Wias' hoamkimmt, packt sie glei der Graus.
Grad heut, wos' eh so aufgregt is
– ob was passiert, sie woaß' net gwieß –,
bleibn de zwoa Hiasln über Nacht.
Ob woi ihr Freier ebbas macht,
der ihr am Vormittag hat gschworn,
de Gschicht waar keineswegs verlorn? –

An General hats' no net gsehng.
Nur der Serschant war grad zugegn,
und der hat gsagt, der General
möcht d'Trauung sehng auf jedn Fall.
Es stehat zwar was Dienstlichs o,
doch kurz vor sieme waar er da.

Er bringt aa für das Fräulein Braut
– wia er des sagt, hats' komisch gschaut –
a kloane Überraschung mit.
»Mein Herr, des braucht's doch net! Ich bitt!«

»Doch, doch«, hat der Serschant drauf gsagt.
Sie hat dann nix mehr weiter gfragt
und hat se a weng z'sammagricht:
a bisserl Wangenrot fürs Gsicht
und beim Friseur is' ja scho gwen.
Auf Weiteres hats' net vui gebn.
Sie war a Schönheit von Natur …
Jedoch, wo is ihr Freier nur?

Wenn nix passiert, kriagts' koite Füaß.
Dann bleibt ihr nur der Wadlgrias.
Wo s' mit dem andern grechnet hat!
Der Bazi lasst sie sitzn, schad!
Auf Männer derf ma net vui gebn.
Sie schwörn oan hoaße Liab fürs Lebn,
bis dass a Herz brennt lichterloh.
Wenn's na drauf okimmt, sans' net do.
Der Wadlgrias – es is a Schand!
Gibt's neamand, der ihr helfa kannt?
Der Mo is doch für sie scho z' oid.
Und is er aa scheint's no net koit –
des hat sie nachtlings gmerkt am Gang,
wia er sie packt hat in seim Drang.
So graust ihr deswegn grad erst recht,
wenn er im Bett von ihr was möcht.

Wo bleibt der Mo?, hat d' Fanny denkt,
der sie so herzlich hat bedrängt
und sich vor ihr hat niederkniat
und gsunga hat a Minneliad!
Jetzt, wo er dringend nötig waar
– glei werd er kemma, der Notar –,
lasst er sie ganz gemein im Stich.
Da woant de Fanny bitterlich.

Der Herr Serschant hätts' tröstn mögn
– er konn koa Madl woana sehng –,
hoit ihr galant a Tüachl hi.
»Es werd no alles guat für Sie!
Auf welche Weis, des sehng ma scho,
a wengerl müaßn S' wartn no.«

Um fünf vor sieme hat's na gläut.
Es is ja aa scho höchste Zeit.
Der Herr Notar duat reimarschiern
und sagt, er möcht koa Zeit verliern.
Es wartad no a weiters Paar.
Ob denn scho alles hergricht waar?

Der Doktor Wadlgrias sagt »Ja!
Sovui i woaß, is alles da.
Mir selber stehnga aa bereit,
de Fanny woant scho voller Freud.«

Jetzt stelln sie se zur Trauung hi,
der Doktor Wadlgrias und sie,
davor, sehr ernst und würdevoll,
ein Staatsbeamter Zoll um Zoll,
der Herr Notar mit einem Buach.
Da duat der Herr Serschant an Fluach:
»Potzschlapprament und Donnerschlag!
Ihr fangts net o, bevor i's sag!
Der General möcht Zeuge sei!
Warts no a weng, er kimmt na glei!«

Der Herr Notar is konsterniert,
er hat doch gsagt, dass' eahm pressiert.
Doch weil er is ein feiner Mo,
gibt er no zehn Minutn dro.

Der Herr Serschant sitzt wia auf Koin.
Allmählich kriagt er ehrlich Boin.
Es hoit'n nimmer länger mehr.
Er ruaft: »Der General muaß her!«
Er rennt zur Tür naus mit an Schrei.
»I kimm glei wieder, warts dawei!«

Am Marktplatz is a Wirwe gwen.
Dort hat's de schöna Ordn gebn.
De Mannschaft steht in Reih und Glied,
davor der Landgraf in der Mitt.
De Hohen kriagn an goidna Stern.
»Ich danke Ihnen, meine Herrn!«,

hat gnädig gsagt Graf Almarei.
»Das Vaterland kann ruhig sei.«

Da stürzt a Mo zum Grafn hi.
Der Graf sagt: »Mein Gott, Bader, Sie!«
»Herr Graf, der König is im Ort.
Sie müaßn schnellstns zum Rapport!
Der Hohe Herr is scho ganz bös.
›Wo is der Graf? Was waar denn des!

Scheint's hat er des vergessn woi,
dass er um sieme da sei soi!‹
Herr General, schnell, gehnga S' los,
dann is des Unglück net so groß!«

Der Graf lasst alles liegn und steh.
»Entschuldigen S', i muaß jetzt geh!«
So hat er gsagt zu seine Herrn.
Ma woaß, a König wart net gern.
Dann macht er se schnell auf de Füaß
zum Haus vom Doktor Wadlgrias.

Des mit dem König war a Trick,
an Bader sei groß Meisterstück.

Ma is scho ungeduidig gwen.
Der Herr Notar hat 's Zeichn gebn,
dass jetzt der Trauungsakt beginnt.
»Und der Serschant, i glaab, der spinnt!«
So hod er gmoant. »Was wui der Mo?
Der General geht uns nix o.
Dass i de Trauung jetzt beschliaß,
frag ich Sie nun, Herr Wadlgrias,
und Sie, Frei'n Fanny Haberstoiz,
obs ihr euch d'Eh versprecha woits?«
Der Wadlgrias sagt sofort »Ja!«,
und der Notar, der sagt »Aha!«.
Damit de Sach notarisch bleibt,
er schnell was in sei Büache schreibt.
De Fanny aber duat an Schrei.
Zur Tür stürzt rei Graf Almarei
und hinter eahm der Herr Serschant,
ois ob er's net derschnaufa kannt.

»Nix da werd gheirat, Deife nei!
I bin der Graf von Almarei!«
Er schmeißt se bei dem Satz in d'Brust.
»Des Madl hat bis jetzt net gwusst,
dass i von hohem Adel bin.
Trotzdem hats' mir a Briafal gschriebn,
dass sie mi hoaß und innig liabt
und dass se gwieß was z'sammaschiabt.
Sie hat mir vom Balkon aus zoagt,
wia sehr mein Liad ihr Herz dawoagt.
Doch daat sie in Bedrängnis lebn.
An zwoatn Freier daat's no gebn.

Wenn i sie net boid aussahau,
dann werd's an Wadlgrias sei Frau.
Jetzt bin i da, es is so weit,
und wia i siech, is' höchste Zeit!«

Dann geht der Graf zur Fanny hi
und legt ganz zart sein Arm um sie.
»Erkennst du mi, wenn i dir sag,
i bin der von heut Vormittag,
der dir hat Liab und Treue gschworn?
I gaab di nimmermehr verlorn.
I daat di heira'n, geht's, wia's mag!
Erkennst mi immer no net, sag?«

»Doch, Liaber, jetzt erkenn i di!
Mein Gott, i bin vor Freud ganz hi.
I bin so glücklich und so froh!«
Vor Rührung fangts' glei 's Woana o.

De Zeit hoit no romantisch war.
A Adliger war 's Höchste gar.
Ganz bsonders war man hochgestimmt,
wenn er a Bürgerliche nimmt.
So warn de andern aa gerührt
und neamd hat böse Redn gführt.
Sogar der Doktor Wadlgrias,
der sagt zur Fanny bittersüaß:
»Scho besser is a Graf für di,
ois wia a oider Mo wia i!«
Des hod er gsagt, dass koana denkt,
dass eahm de Bappn runterhängt.

Dann sagt der Graf zum Herrn Notar,
nachdem er scho im Haus da waar,

ob ma de Eh glei schliaßn kannt.
Papier und Tintn waarn zur Hand.
»Natürlich!«, sagt der Herr Notar,
legt aufn Tisch a Formular,
fuit's aus und lasst's dann unterschreibn.
»Ihr möget ewig glücklich sein!«,
so hod er dann im Anschluss gmoant.
De Fanny hat no immer gwoant.
»Nur grad an Zeugn braucht ma no!«
Der Bader reißt sein Schnauzbart ro.
»Den Zeugen, liabe Leut, mach i,
es gibt koan Besseren wia mi!«

Dann hat ma gfeiert bis in d' Nacht.
Am meisten aber hat ma glacht,
wia dann der Graf a Ansprach hoit:
»Wenn je de Gschicht wer aufschreibn soit:
Des, was passiert is seit heut Früah,
hat kost an Bader große Müah.
Drum lob ich diese Hauptperson,
de so vui bestens deixln konn.
Waar er net grennt mit rasche Füaß,
waar d' Fanny jetzt d' Frau Wadlgrias.
Oan Ordn hab i übrig no,
den häng i jetzt an Bader o.
I woaß scho, was eahm lieber is,
des is a scheene Rente gwieß.
De kriagst ois Zuawaag!«, hod er gmoant.
Da hat aa no der Bader gwoant:
»Für d' Lebensrente dank ich sehr!
Jetzt geht aa no a Ordn her!
A goidner Stern, was für a Trumm!
I muaß scho sagn: Des haut mi um!«

Elektra

oder
So schnell konn's geh, wenn der Mensch
sein Rappe hat

Eine bayrische Moritat frei nach der Oper
von Richard Strauss

Larum lirum, lirum larum.
Es geht hierum, es geht darum,
dass ich euch jetzt etwas sage,
was passiert nicht alle Tage.

Liebe Leute, ich erzähle
euch ein schauriges Gedicht,
und ich schwör bei meiner Seele,
dass der Wahrheit es entspricht.

Erstes Buid

I sag's euch gleich am Anfang scho –
i glaab, es is doch besser so:
A jeder denkt, wia's eahm beliebt,
wenn's in dem Stück vier Tote gibt.

Seids net entsetzt, was waar denn des! –
Der Urstoff stammt vom Sophokles.
Und glebt hat dieser guate Mo
vierhundert Jahr vor Christus scho!

Der hat des gwusst, wia d' Menschn san,
wenns' irgendwia ihrn Rappe ham.
Der Hass glüaht auf, d' Vernunft is rar,
so geht's schon Tausende von Jahr.
Ma schlagt oans tot aus Rachedurscht,
wer abgmurkst werd, is völlig wurscht,
und wer im Weg steht, der muaß sterm.
Des werds in dera Gschicht glei hörn.
Der Hass macht blind, des woaß ma scho,
des is seit Kain und Abel so.

Bevor sie ofangt, unser Gschicht
von Liab und Hass und von an Gricht,
muaß gsagt wern, dass ma sie verlegn
– i denk, koa Mensch hat was dagegn –
vom oidn Griechenland nach Bayern
und – ohne dass ma was verschleiern –
verzäihn, ois waar's bei uns passiert,
und jeder Mensch an Nama führt,
der üblich is bei uns dahoam,
sonst gang der Reim ganz ausm Loam.

Nur grad »Elektra« lass ma steh.
Es war a Madl brav und schee
mit greane Augn und schwarze Haar,
zu brav für ihre zwanzig Jahr.
Sie steht verhärmt im Hintergrund,
grad so, ois waar sie net ganz gsund.

Ihr Muadda macht ihr 's Lebn so schwer,
sie masslt dauernd hin und her,
obwoi sie selber, d' Huaber Lies,
fast hätt i gsagt: a Schlampn is.
Charakter hat sie net vui ghabt.
Guat ausgschaugt hats' und fest dro glaabt,
dass sie de Feschast waar im Land,
zehn Männer hätt an jeder Hand.
In Wirklichkeit war net vui los.
Ihr Mo, der Huaber Lenz, war groß
und stark und sehr drauf aus,
dass sie net furtrennt ausm Haus.
Er hat ihr nämlich net recht traut,
hats' überwacht und sehr drauf gschaut,
dass sie nur lebt für eahm alloa.
An Sohn hams' aa no ghabt, de zwoa.

Der Bua, der Ignaz, sagn de Leut,
hätt mit der Muadda dauernd Streit,
dass er ein rechter Treibauf waar
und furtgrennt is vor guat an Jahr.

Des Schlimmste aber kimmt erst no.
Glei is der erste Tote dro.
Denn wia der Lenz im Kriag drauß war,
hat d' Lies sich – jeder Hemmung bar –
an Zenger Luk ins Bett neizogn
und mit eahm z'sammglebt, ungelogn,
bis' ghoaßn hat, der Kriag is aus,
der Huaber Lenz kaam boid nach Haus.

Damit hat sie net grechnet ghabt.
Der Lenz kimmt nia mehr hoam, hats' glaabt.
Der foit im Kriag, und sie is frei …
Des war a Irrtum, Deife nei.

Der Zenger Luk hat zu ihr gsagt:
»Der Lenz kimmt hoam, bin i no gfragt?
Wenn der mi siecht und ois erfahrt,
dann, fürcht i, bleibt uns nix erspart.
Er werd uns alle zwoa daschlagn,
zerst di, dann mi! I muaß scho sagn:
De ganze Gschicht, de gfoit ma net!
Dass der daherkimmt, des is bläd.
Sag endlich, Lies, was soi jetzt geschehng?
Du woaßt, i dua di so gern mögn …«

De Lies hat glei koan Guatn graucht,
hat böse Augn gmacht und hat gfaucht:
»Wia oft hast gschworn, du hättst mi gern,
jetzt muaß i plötzlich so was hörn!

Gibst o, ois hättst vor neamand Angst
und dass d' für mi durch 's Feuer gangst,
hast gsagt. O Luk, jetzt waar's so weit!
Jetzt reiß de z'samm und zoag dei Schneid!
Der Lenz war nia a Mo für mi,
des woaßt du doch! Ich mag nur di!«

Der Luk, der hat se duckt vor ihr.
»I bleibad ja so gern bei dir,
doch woaß i net, wia's z'sammgeh soi.
O Lies, mir is fei gar net woih!«

Da hört er, wia sie eiskoit sagt:
»I wart net, bis mi der daschlagt!
Luk, reiß de z'samm und sei koa Tor!
Verstehst: Mir kemma eahm zuvor!«

Am andern Tag war's dann so weit.
A Hackl liegt zum Mord bereit.

De Lies sagt glei in aller Fruah:
»Elektra, horch ma moi guat zua!
Dei Vadda kimmt heut hoam vom Feld
ois ruhmgekrönter, tapfrer Held.
I geh eahm in der Fruah entgegn,
was weiter is, des wern ma sehng.
Du bleibst dahoam, richst alles her.
So in zwoa Stundn ungefähr
is na dei Vadda wieder do
nach langer Trennung. Freust di scho?«

»Ja, Muadda«, hat d'Elektra gsagt
und weiter nix mehr nachegfragt.
Sie hat ihrn Vadda arg gern mögn
und freut si scho aufs Wiedersehng.
Er werd im Haus auf Ordnung schaun,
an Zenger Luk zum Deife haun.
Ihr Herz war voller Ungeduid.
Damit is aus des erste Buid.

Larum lirum, lirum larum,
es geht hierum, es geht darum,
dass ich euch jetzt etwas sage,
was passiert nicht alle Tage.

Liebe Leute, wie versprochen,
folget jetzt der erste Mord.
Wer die Untat hat verbrochen,
das erfahrt ihr auch sofort.

Zwoates Buid

Der Morgentau glanzt in der Sonn.
Am Wegrand leucht' der rote Mohn.
A Lerchal singt hoch in der Luft.
A sanfter Wind tragt Wiesnduft
vom Südn her an Weg entlang.
»Wenn's bloß a wengerl schneller gang«,
denkt sich der Huaber Lenz voi Freud.
»Es gibt a Wiedersehng no heut
mit meiner Lies, was für a Glück!«
Vor eahm liegt no a kurzes Stück
bis hi zum Haus. D' Lies woaß des scho,
dass er heut kimmt. Er is so froh,
dass endlich Friedn is im Land,
dass' z'sammlebn könna mitanand.

Er muaß no durch a Woidstück geh,
glei werd er vor der Haustür steh!
Er pfeift a Liadl vor sich hi
und denkt mit Inbrunst nur an sie,
wia er in hoaßer Liebeslust
sie druckt an seine starke Brust.

Glei is' so weit, o liabe Lies! –
Da merkt er, dass hint jemand is,
und eh er sich schnell umdraahn ko,
saust scho a Hackl auf eahm ro.

Der Huaber Lenz glei z'sammabricht,
er foit nach vorn hi auf sei Gsicht.

Des rote Bluat rinnt übern Sand.
Er hätt was gsagt no, wenn er kannt.

Der arme Mo muaß elend sterm.
De Mörder stehna hinter eahm.
Ma ahnt sofort, wer's gwesn is:
der Zenger Luk und d' Huaber Lies.

I hab's euch scho am Anfang gsagt,
wia schnell der Mensch an Mensch daschlagt,
doch manche Tat, die schnell verbrochen,
wird oft nicht minder rasch gerochen.

Schnell hams' de Leich im Woid vergrabn.
Oans freile muaß ma aa no sagn:
De zwoa ham felsnfest dro glaabt,
dass neamd de Mordtat gsehng hat ghabt.

Des war a Irrtum, liabe Leut:
D' Elektra steht dreißg Meter weit
versteckt im dichtn Himbeerschlag.
Sie is mit raus glei früah am Tag.
Warum geht d' Muadda net alloa? –
Was hat der Luk dabei zum doa? –
De Angst in ihr druckt oiwei mehr,
schnell schleicht sie oiso hinterher.
So hat des arme Madl gsehng,
was auf der Straß is Furchtbars gschehng.
Ihrn Vadda hams' auf d' Seitn graamt,
damit sie frei san füranand!

Der Luk, der hat'n niedergschlagn,
doch ogstift hat'n, muaß ma sagn,
de Lies, sie hat de größer Schuid.
Damit is aus des zwoate Buid.

Larum lirum, lirum larum,
es geht hierum, es geht darum,
dass ich euch jetzt etwas sage,
was passiert nicht alle Tage.

Einen Toten hat's gegeben
gleich am Anfang dieses Stücks.
Der arme Lenz tut nicht mehr leben,
man erschlug ihn hinterrücks.

Drittes Buid

»A große Sorg mi dauernd plagt«,
hat d' Lies zu ihrer Tochter gsagt,
»weil hoit der Lenz net kemma is.
I geh schier z'grund noch, des is gwieß.
I hoff, es is eahm nix passiert …«
D' Elektra hat ihrn Herzschlag gspürt.
In ihrer Brust is' brennad hoaß.
Fast hätt sie nausgschrian, was sie woaß.

Doch daat sie jetzt die Wahrheit sagn,
– der Luk hätts' auf der Stell daschlagn.
Der steht dabei, grinst vor sich hi.
»Mir daat des ehrlich leid für di,
wennst müaßast ohne Vadda sei!«,
sagt er und schaugt recht traurig drei'.
»Doch bin i sicher, dass er kimmt,
wenn heut net, nacha morgn bestimmt.
Dei Muadda und genauso i,
mir mögn di ja und sorgn für di!«

Da is d' Elektra narrisch worn,
hat aufgschrian vor verhoitner Zorn.
»I wui nix wissn von euch zwoa,
tragts euer Schand für euch alloa.
Im Übrigen is' an der Zeit,
dass i euch sag a Neuigkeit.
Der Ignaz hat an Botn gschickt –
der Zettl aufm Tisch dort liegt.
Er schreibt, dass er, eh's finster werd,
heut in sei Heimat wiederkehrt.
Und is mei Bruader wieder z' Haus,
schaugt alles glei ganz anders aus!«

Wia d' Lies des hört, werds' leichnblass
und woit glei außegeh auf d' Straß.
D' Elektra kimmt ihr schnell zuvor,
rennt weg und schreit vom Gartntor:
»I woaß den Weg, auf dem er kimmt.
Schaugts ihr dahoam, dass alles stimmt!«

Und scho is' furt in Richtung Woid.
Es dämmert leicht, de Luft is koit.
Sie schaugt net um und rennt dahi,
es gibt koa Zögern mehr für sie.

Ma ahnt, wias' weitergeht, de Gschicht.
Jetzt kimmt des große Strafgericht.
Es is so weit, habts no Geduid,
glei fang ma o mi'n nächstn Buid.

Larum lirum, lirum larum,
es geht hierum, es geht darum,
dass ich euch jetzt etwas sage,
was passiert nicht alle Tage.

Leut, passts auf, was noch passieret
in dem schaurigen Gedicht,
wer das Leben noch verlieret
durch ein hartes Strafgericht.

Viertes Buid

Der Luk und d'Lies, de wartn her.
Um d'achte Stund so ungefähr,
da kimmt der Ignaz zua aufs Haus.
Der Luk und d'Lies, de renna naus.

»Ja, weilst nur da bist, liaber Bua!«
D'Lies geht recht freundle auf eahm zua.
Sie hat net de geringstn Boin,
sie spuit ganz meisterhaft ihr Roin.

Der Ignaz aber schaugts' koit o.
»O Muadda, woaßt, i werd erst froh,
wenn neba dir da Vadda steht!
Wo is er? Sag mir, wia's eahm geht?«

»Des wenn i wüsst, dann waar's mir woih!
Sag du mir, was i macha soi!
Du woaßt, der Kriag is doch scho aus,
der Vadda aber kimmt net z'Haus.
I hoff, es is eahm nix passiert.
Der Weg durch dunkle Schluchtn führt.
Für Räuberbandn grad des Recht,
wenn i bloß drodenk, werd's ma schlecht.
Vielleicht bringst du raus, wo er is?«
Da zischt der Ignaz: »I woaß' gwieß!
D'Elektra hat mir des verra'n:
Er liegt da drüm im Woid begrabn!«

Da werd de Lies kaasweiß im Gsicht.
Sie siecht, dass alles z'sammabricht,
was sie sich deiflisch ausdenkt hat.
»Du spinnst! Ich möcht nur wissn grad,

woher d'Elektra hat erfahrn …
Des dumme Kind redt doch an Schmarrn!
Der Vadda laag im Woid begrabn!
Wia konn ma so an Wahnsinn sagn …«
De Lies hat zittert und hat gschrian:
»Der Saufratz konn doch nix wia lüagn!«

Da kimmt d'Elektra auf sie zua.
Laut schreit sie: »Muadda, jetzt is' gnua!«
Sie tragt a Hackl in der Hand.
Der Luk steht aa dabei und spannt,
dass' jetza geht um Tod und Lebn.
»Sofort duast mir des Hackl gebn!«

D'Elektra hoit des Hackl hoch.
»Des Hackl, Luk, des kennst du doch!
I hab di gsehng, i konn's dir sagn:
Mein Vadda hast damit daschlagn!«

Der Luk springt zur Elektra hi:
»Dei Mei hoitst, sonst erwürg i di!«
»Erwürgs' doch!«, schreit de Lies eahm zua.
Da denkt der Ignaz: »Jetzt is' gnua!«

D'Elektra hat eahm 's Hackl gebn.
D'Lies kreischt no: »Ignaz, lass mi lebn!«
Da saust aa scho des Hackl ro …
A Schroa – und d'Huaber Lies liegt do,
stirbt auf der Stell im eigna Bluat.
Der Luk springt zuawe voller Wuat
und wui an Ignaz hart an' Kragn.
Der aber hat'n niedergschlagn,
bevor er'n aa nur orührn ko.
So liegn zuletzt zwoa Tote do:

de Huaber Lies, nebn ihr der Luk.
Oi zwoa warn schlecht, jetzt hams' es zruck,
was sie verbrocha ham im Lebn.
Nur oana konn Verzeihung gebn:
der Richter aufm höchstn Thron.
Der woaß, wia 's Lebn oan neiziahng konn.

In gaacher Lust, in Angst und Zorn
is die Beherrschung schnell verlorn
und konn's passiern, i hab's scho gsagt:
dass oans an andern Mensch daschlagt.
Schwer tragt er dann an seiner Schuid.
Damit is aus des vierte Buid.

Larum lirum, lirum larum,
es geht hierum, es geht darum,
dass ich euch jetzt etwas sage,
was passiert nicht alle Tage.

Leut, wir wollen jetzt beschließen
dieses schaurige Gedicht.
Letzte Schuld wird man nun büßen
vor dem ewign Strafgericht.

Fünftes Buid

Vier Tote san versprocha gwen,
drei san scho gstorm, oans duat no lebn.
D' Elektra, wias' des Bluatbad siecht,
glei vor Entsetzen z'sammabricht.
Schnell springt der Ignaz zu ihr hi
und beugt se angstle über sie.

»O Bruaderherz, mir is so schlecht.
Der arme Vadda is geracht.
Und doch is mir net woih dabei.
Bluat hat nach Bluat gschrian, muaß des sei?«

Ihr Stimm is schwach und schwächer worn,
a Seufzer no, und dann is' gstorm.

Sie is a armes Hascherl gwen,
hat net vui ghabt vom ganzn Lebn,
hat nur sehr wenig Liab erfahrn
und stirbt dahi in jungen Jahrn.

Und damit is die Gschichte gar.
Des gebts doch zua, dass' spannend war.
Vier Tote san versprocha gwen,
tatsächlich: Vier dean nimma lebn.

Da, wo der Huaber Lenz is gstorm,
is dann a Marterl aufgstellt worn.
A weng Gedenken möcht scho sei.
Was' draufgschriem steht, erfahrts jetzt glei.

Des Marterl, liabe Leut, soi sagn:
Hier hams' an Mo von hint daschlagn.

Wia er im Kriag war, lasst sei Wei
an andern in ihr Kammer nei.
Und wia er na vom Feld hoamkimmt,
hauns' eahm a Hackl nauf von hint.
Der Schlag trifft direkt aufn Kopf,
er war glei tot, der arme Tropf.

Sei Sohn de Schandtat net ertragt.
Er hat desselbe Hackl packt
und hat, des muaß ma leider sagn,
sei Muadda und ihrn Freund daschlagn.

Sei Schwester siecht des viele Bluat
und langt ans Herz, ihr is net guat,
schreit auf in ihrer großn Not
und foit aufs Pflaster und is tot.

O Mensch, der du vorübereilst,
und an dem Marterl da verweilst,
gedenk der Toten im Gebet!
Du woaßt ja net, wia's dir moi geht.

Geh staad in di, des ghört se so,
denn irgandwann bist aa moi dro.
Schaug öfters um, dassd' siechst, wer kimmt,
damit dir ja nix gschiacht – vo hint.

Die Zauberflöte

oder
Das Wunder vom Königssee

Frei nach der Oper
von Wolfgang Amadeus Mozart

Passts auf, ös Leut, i woaß a Gschicht,
bei der a jeder deutlich siecht,
dass nix auf dera bucklad Erd
so hoaß, wia's kocht is, gessn werd.

Und kimmt a hoaße Liab dazua,
macht's diamoi Schwierigkeitn gnua,
und erst der Schluss ergibt an Sinn.
Passiert is z' Berchtesgadn drin.

Der Förster Ignaz Eberle
hat gsagt, 'as Lebn is nimmer schee,
wenn i net boid a Frau auftreib.
Was is a Mannsbuid ohne Weib!

Seit Jahren schaugt er se scho um,
de oa war z'gscheit, de ander z'dumm,
de dritte hat eahm zu vui gredt,
de vierte woit ois Ersts ins Bett.
De oa war z'kloa, de ander z'groß,
bei jeder war was anders los.

»I bin net hoakle von Natur,
i find scho no de Rechte, nur«,
so hat er gredt, »i sag's euch glei:
Auf koan Foi derf's a Preißin sei!«

Mit Preißn, muaß ma leider sagn,
hat er se gar net guat vertragn.
Warum, is psychologisch klar:
weil er der festn Meinung war,
dass alle Preißn von sich glaabn,
dass sie des mehra Hirnschmoiz ham,
mehr Wissn und mehr Tempo aa,
weils' lauter redn und schneller aa.

So is des aa koa Wunder net,
dass er nur auf a Madl steht,
de bayrisch is bis nei ins Herz,
net zuagroast is von anderwärts.
Kurzum, sei Foi war äußerst schwer.
Wo bringt er de Rechte her? –
Koa Mensch hat eahm an Rat mehr gwusst.
Doch dann, am fuchzehntn August,

da hat er oane lafa sehng,
oa Bick auf sie – und scho war's gschehng!
A Gsicht hats' ghabt, a so liab scho!
Nur vom Beschreibn hast nix davo.
Des muaß ma gsehng ham aus der Näh,
erst dann konn oana recht versteh,
dass da an Ignaz Eberle
für kurze Zeit 'as Herz bleibt steh.

»De muaß i ogeh auf der Stell!«,
so hat er denkt, doch sie steigt schnell
am Marktplatz in a Auto ei,
und scho is' furt gwen, Deife nei!

Sei Freund, der Beni, steht dabei.
Den fragt er, und der sagt eahm glei:
»De gfoit dir, gäi, i konn's versteh.
Da muaßt nach Sankt Bartholomä,
zum Wirt, wo sie Bedienung is.
Obs' scho oan hat, i woaß' net gwieß …
Doch besser is, du fahrst net hi,
denn i hab aa a Aug auf sie!«

»Du aa!« Der Ignaz spöttisch lacht.
»Na woin ma sehng, wer 's Rennats macht!«

Am andern Tag in aller Fruah
– des Madl lasst'n net in Ruah –,
da fahrt der Ignaz Eberle
von Berchtesgadn zum Königssee.

Obwoi er 's Deandl gar net kennt,
is er vor Liabsgluat schier verbrennt.
A wunderbare innre Stimm,
de hat'n machtig vorwärtstriebn.

An Föhn hat's ghabt scho in der Nacht,
der hat'n a weng kriwlig gmacht.
Sogar sei Bluatdruck geht in d'Höh.
So kimmt er hi zum Königssee.

Und wia er se an Parkplatz suacht,
da hat er saugrob außegfluacht.
Er woit in d'Luckn einefahrn,
da kimmt a andrer mit seim Karrn
und schneidt'n, dass er moant, jetzt kracht's.
»Ja, wer der Schnellre ist, der macht's!«,
hört er glei drauf oan preißisch sagn.
Es war der Fahrer von dem Wagn,
der vor eahm hat de Luckn bsetzt.
Der Ignaz, der war tiaf verletzt.

»Ja Himmeherrgottsakradi!
I war doch eher da ois Sie!
Nur grad weil Sie a Saupreiß san,
drum moana S', dass Sie Vorfahrt ham!
So Leut wia Sie, de fehln uns grad.
Wer so a gscherte Fahrweis hat,
der konn uns gstoin wern jederzeit,
na bleibt uns mehra Gmüatlichkeit!«

Der Preiß hat nix dergleichn do,
steigt aus und lacht und geht davo.

Und glei drauf siecht der Eberle
an Herrn im Trachtnanzug steh.
Er denkt: »Des is gwieß aa a Preiß!
Alloa de ganze Art und Weis,
wia er des Souvenir betracht'
und hinterfotzig drüber lacht.«

Er hat a Kugl in de Händ,
sie war aus Glas, wia's jeder kennt,
und innen hohl mit Glitzerschnee,
der rofoit auf Bartholomä.
Und wenn mas' schüttelt, treibt's den Schnee
auf wunderbare Weis in d'Höh,
und hoit mas' staad und wart' a weng,
dann konn ma voller Andacht sehng,
wia's runterfoit so nach und nach
vom Himme aufs Kapellendach,
bis weihnachtlich im Glitzerschnee
erneut liegt Sankt Bartholomä.

Der Ignaz war ein Mo mit Gmüat
und is von so was stark berührt.
Dem Preiß jedoch gfoit's scheinbar net.
Er sagt: »Det Ding is mir zu blöd!
So'n Kitsch! Und außerdem noch teuer!
Nee, so wat kooft wohl nur ein Bayer!«

Der Ignaz schaugt glei bitterbös.
Der Krach am Parkplatz, und jetzt des!
Und jeds Moi is' a Nordliacht gwen!
Mit dene konnst net friedlich lebn.

Er mischt se in de Sach glei ei:
»Sie Saupreiß, hoitn S' Eahna Mei!
Wenn Sie des Ding net kaffa woin,
koa Mensch schreibt Eahna vor, was' soin.
Wenn S' scho von Kunst koa Ahnung ham
– des hängt mit Ihrer Buidung z'samm –,
dann werd's für Sie des Beste sei,
Sie hoitn, wia gsagt, Eahna Mei!«

Der ander schaugt a wengerl bläd,
ois ob er's net verstandn hätt,
mit einem Blick von untn rauf.
»Dem Kerl, dem gib i no oans drauf!«,
denkt da der Eberle pikiert.
»I sag, es is des oide Liad:
Mir lassn jedn rei ins Land,
verkafa eahm a Trachtngwand.
Mir ham koa bissl was dagegn,
wui oana unser Brauchtum sehng.
Erlaubn eahm Zutritt überoi,
zum Kirtafest, zum Trachtlerboi,
damit er mittndrinna steht.
Zum Dank na sagt er, mir waarn bläd!«

Der Preiß hat unbeeidruckt do
und draaht se um und geht davo.
Der Ignaz konn des net versteh.
A kloana Streit waar doch so schee.
Doch wenn oans gar nix sagt dagegn,
fuist dich moralisch unterlegn.

Drum kimmt er jetzt erst recht in Zorn
– bei Föhn san d' Nervn schnell verlorn –
und schreit – er war net z' hoitn mehr –
ein »Saupreiß, gescherter!« hinterher.

Des war a Fehler, zweifellos,
denn der Verkehr is riesngroß.
Vom Parkplatz bis zum Königssee
bewegn sich täglich Tausende.
Zum Beispui, wia er des grad schreit,
ein Keglklub aus Wattenscheid.
Der stellt se gschlossn um eahm rum,
vorn dro ein Mo, ein Riesntrumm,
in Tracht mit gsticktm Ledergurt,
ois waar er Bayer von Geburt.
Der hat eahm d' Hand auf d' Schulter glegt:
»He, Seppl, warum so erregt?«

Da is der Eberle schier platzt,
hätt eahm am liaban oane batzt.
Nix konn eahm d' Stimmung mehr verderbn,
ois wenn oans Seppl sagt zu eahm.
Verdammter Mist! Was soi er doa?
Desäin warn zwanzge, er alloa.
Da gibt's nix Bessers wia verziahng.
»Ihr könnts mi alle!«, hat er gschrian
und draaht se um und laft davo. –
Am Schiff erst war er wieder froh.

Voll Sehnsucht schaut er übern See.
Dort hintn liegt Bartholomä!
Von jetzt ab denkt er bloß no oans:
»Is woi des Deandl no alloans?
Hats' scho a Gschpusi oder net?« –
Und wiara na vom Schiff rogeht,
da hat er laut sein Herzschlag ghört.
Ob 's Madl eahm an Korb gebn werd,
weil ihr sei Nasnspitz net gfoit?
Oder is er ihr scho z' oid?

Sie kannt aa scho verheirat' sei …
»De Wibke hat seit gestern frei!«,
sagt da der Wirt zu eahm und grinst.
»Erst morgn hats' wieder bei mir Dienst.
Sie is heut scho in aller Fruah
mim Schiff auf Berchtesgadn zua.
Wanns' hoamkimmt, hats' ma net erzoit,
mitn letztn Schiff, vermut i hoit.«

Da packt an Ignaz gaacher Zorn.
Ja, hat se denn heut ois verschworn!
Der Ärger mit de Preißn z'erst,
jetzt des – wennst da net narrisch werst!

An manche Tag is so verhext,
dassd' aa mitn Schimpfa nix bezweckst,
scho eher mit a Hoibe Bier.
Er trinkt net oane, sondern vier,
zu jedm Bier an Schnaps dazua.
Allmählich kimmt er na in d' Ruah
und schleppt se dann mit letzter Kraft
– des Stückl hat er grad no gschafft –
auf d' Wiesn auße hinterm Haus
und schlaft sein Rausch im Gras drin aus.
»Wibke«, sagt er no verstört,
no nia hat er den Namen ghört …

Scho is er einegfoin ins Land,
wo d' Fantasie geht Hand in Hand
mit dem, was schlummert in oan drin,
nix kimmt von nix, ois hat sein Sinn.
Und was passiert, des glaabt ma kaam,
es war ein wunderscheena Draam.

Z'erst war ois rot, dann war ois grea,
und dann ois gscheckad um eahm her.
Dann is er in an Abgrund gfoin
und hätt mitn Hintern bremsn woin.
Dann siecht er se am Watzmann steh,
springt pfeigrad nei in' Königssee,
steigt nackad ausm Wasser raus,
siecht weit und breit koa oanzigs Haus.
Dann rennt er mit an Affnzahn
ins Modegschäft nach Berchtesgadn.
Frisch ozogn fliagt er zruck zum See,
schwimmt niba nach Bartholomä.

Sei Freund, der Beni, kimmt daher
und duat, ois waar er woaß Gott wer,
und sagt, er waar auf Brautschau do,
und singt a Liadl ebba so:

»I woaß a Madl, des ma gfoit.
De wo i moan, de kriag i boid.
I fahr mitn Schifferl übern See
und sag zu ihr ›duduliö‹!
Sagt sie dann aa ›duduliö‹,
dann deama uns recht guat versteh.«

Doch dann is' plötzlich finster worn,
es war koa Bo'n mehr hint und vorn.

Ois hat se wuid im Kreis rumdraaht,
a Sturm hat Feuerfunkn gwaaht.
De Berg ringsum ham alle bebt,
der ganze Erdbodn hat se ghebt.

Vom Himme runter foit der Mond
und is na – völlig ungewohnt –
am Spitz vom Jenner hänga bliebn.
Der Watzmann, der hat Feuer gschiebn.
De Stern am Himme danzn rum,
und plötzlich foit a glüahrads Trumm
von obn pfeigrad in' Königssee,
de kochad Gischt spritzt nauf in d' Höh.
A Dracha steigt vom Wasser raus,
speibt Feuer und kimmt zua aufs Haus.

Der Ignaz moant scho, des waar 's End,
da siecht er: Der Hochkalter brennt!
Des muaß der Blaueisgletscher sei.
Von dort her fliagn drei Weiber ei
und gebn dem blädn Drachnviech
von vorn und hint und obn an Stich.

Und dann sagns' alle drei mitnand:
»Der hätt euch gfressn, habts des gspannt?
Ihr schönen Männer, gfoits uns sehr!«
Der Ignaz fragt: »Wo kemmts denn her?
Wer hat euch gschickt, was habts im Sinn?«
»Die Blaueisgletscherkönigin
schickt uns zu dir in ihrer Gnad!
Sie hat für dich ein Weib parat!«

Sie gebn a Buidl eahm in d' Hand.
Der Ignaz is ganz ausanand,

wia er des Konterfei erblickt.
»Was für ein Weib! I bin entzückt!
Des Buidl is bezaubernd schee!
Mei Herz verlangt, des werds versteh,
nach diesem wundervollen Kind!
I bitt euch, sagts ma, wo i's find!«

Er fuit se plötzlich voller Kraft,
in alle Gliada schiaßt der Saft.
»Wo is des Deandl, führts me hi,
i konnt net lebn mehr ohne sie!«

Da duat's an furchtbarn Donnerschlag,
und d'Nacht werd heller ois der Tag.
De Watzmann-Ostwand, de hat glänzt,
vom Fels san Funkn owatrenzt,
und mittn in der Wand steht drin –
de Blaueisgletscherkönigin!

An Sternenkranz mit Diadem
hats' auf der Stirn tragn, wunderscheen.
Am Kropfband ein Trumm Bergkristall,
der gfunklt hat bis Reichenhall.

Ihr Gsicht is foitnfrei und glatt,
ma siecht, dass' ihre Mittl hat,
dass d'Haut net rissig werd und wüast
und dass koa Wimmerl außaschiaßt.
Doch an de langa graua Haar
hast gmerkt, dass' eher oid scho war.
D'Figur war ziemlich makellos,
bloß war hoit alles riesngroß.
Steil ragt ihr Busn aus der Wand,
verdeckt nur durch ein dünnes Gwand

aus keuscher Seide, strahlend blau.
A wengerl traurig war ihr Gschau.

»Hör zua«, hats' gsagt in diafm Gram,
»von mir aus konnst des Madl ham.
Doch hat's a große Schwierigkeit:
Sie is ma graubt wordn, duat ma leid.
Du woaßt, wia junge Deandln san,
wenns' sozusagn ihrn Rappe ham.
Was hab i in sie einegredt:
›Verlass an Blaueisgletscher net!‹

Im Fruahjahr und im Sommer dann,
da is' scho furtgrennt dann und wann.
Und wia na d' Alpenrosn blüahn,
wars' net zum bremsn und hat gschrian:
›Des Geisterlebn, des kotzt mi o!
I hau jetzt ab, i wui an Mo!
I hoit's im Gletscher nimmer aus!‹ –
und rennt in Richtung Watzmannhaus.

Und dann verliert se jede Spur.
Is selber schuid, de bläde Kuah.
Es muaß a Berggeist gwesn sei
– san soiche Wüstling ja dabei –,
der s' in a Kluft hat einegschleift …
Der Schmerz mein armes Herz ergreift,
wenn i bloß drodenk an de Schand,
de glei drauf na passiert sei kannt!«

»O Blaueisgletscherkönigin,
jetzt Zeit verliern hat gar koan Sinn!«,
ruaft da der Ignaz feurig aus.
»Hab nur koa Angst, de hoi i raus!«

»Scho guat, scho guat, o Menschnkind!
Du bist der Rechte, wia i find.
Errette sie aus ihrer Schmach,
auf welche Weis, des is dei Sach!«

»Für mi hast nix auf Lager, ha?
I bin woi nur zum Zuaschaugn da!«,
schreit der Beni zwischnnei.
»Sei staad, für di werd aa was sei!«,
sagt huldvoi drauf de Königin,
und dann kracht's in der Felswand drin.

A blauer Dampf druckt rei von obn,
a koider Blitz am Himme drobn,
von unt steigt dicker Nebe auf
und schiabt se oiwei höher nauf.
Des Mordstrumm Weib hast nimmer gsehng,
und alles is wia vorher gwen.
A Spritzer männermordendes Parfüm,
des hängt no in der Felswand drin.

Nur de drei Damen san no da.
De oa sagt: »Jetza gehts es o!
Dass' net in Schwierigkeitn kemmts,
zwoa Instrumente mit euch nehmts!
De Zauberflöte ghört für di!«
Der Ignaz nimmt's begeistert hi,
obwoi, da gibt's koan Zweife net,
er nix vom Flötnspuin versteht.

Doch wiara's trotzdem hat probiert,
da is er selber tief gerührt.
A Klang, grad wia vom Himme ro!
»Guat!«, sagt er. »Oiso, gehngma's o!«

Der Beni, weil er aa was wui,
der kriagt von ihr a Glocknspui.
Sie woitn no a Dankschön sagn,
da san de drei scho wegagflogn
zum Blaueisgletscher ganz weit hint …
»Was deama jetza, Menschenskind?
Jetzt könn ma schaugn, wia's weitergeht,
vor lauter Geister werst ganz bläd.«

Wosd' higschaugt hast, hat alles brennt.
Oi zwoa ham d' Landschaft nimmer kennt.
Der Jenner steht ganz ohne Grund
auf oamoi da mitn Spitz nach unt.
Der Hohe Göll hat's bsonders triebn,
der hat auf oamoi Feuer gschpiebn.
Und der Hochkalter duat se draahn
und boizt ois wia a Auerhahn.
De ganzn Berg warn durchanand.
Der Königssee is bis zum Rand
mit lauter Preißn aufgfuit gwen,
wia d' Haaring sans' beinanderglegn.

Der Ignaz schreit: »I wer' varruckt!«
Zu Tausenden hams' Wasser gschluckt,
grad gurglt hams', ois waar's a Bier,
und boid is ohne große Müah
das letzte Tröpfal trunka gwen,
vom Wasser hat ma nix mehr gsehng.
Der ganze See war wüast und laar
bis hi zum Bodn, der baazig war.
Und jetzt steign d' Preißn aus'm See
und kemma nach Bartholomä!
Ganz schwarz war ois vor lauter Leut.
Grad gwimmed hat's, der Ignaz schreit:
»Jetzt hammas' alle beianand.
Des trifft se bestens, hast des gspannt?«

Der Beni schaugt a bisserl bläd.
Der Ignaz sagt eahm, wia des geht:
»Drei Weg führn auße aus dem Tal,
und de san schwierig, steil und schmal
und nur für guate Kletterer.
Und jetza kimmt des Nettara:

An jedm Steig, wo d' Flucht kannt geh,
lass i an Woipertinger steh.
A bsonders scharfer muaß des sei,
der neamand rauslasst oder rei.
Am viertn Weg, der außegeht,
da braucht's koan Woipertinger net,
weil des de Watzmann-Ostwand is,
da steigt neamd aufe, des is gwieß.

Auf de Weis kimmt uns koana aus,
aa übern See konn koana naus.
Der Bodn is glitschig und voi Dreeg,
wosd' hischaugst, nirgends is a Weg.

Wenns' na allmählich dasig san,
aa net des große Mei mehr ham,
dann reibn ma's eahna sauber hi,
dass mir de Herrn san und net sie!
Boazn lass mas', bis' ganz kloa wern,
und dann sehng ma's scho, was' doa wern!«

Doch nacha foit's an Ignaz ei,
dass er doch da is zwengs an Wei
und gwieß net zwengsn Preißnfanga.
Schnell duat er nach der Flötn glanga.

Was soi er für a Stückl spuin?
Eahm foit nix ei, um Gottes wuin,
denn musikalisch is er net.
Und wia's in Bayern oft so geht:
Woaß oana net, was passn daat,
und gibt oan neamd an guatn Rat,
auf welche Weis ma soi verfahrn,
dann spuit ma oft den größtn Schmarrn.

Und so war's aa in diesem Foi.
Der Beni sagt, er wissad woi
a Liadl, und des waar recht schee:
Vom Edelweiß auf steiler Höh!
»Des passt zur Flötn – nach mein Gfui –,
i schlag dazua mei Glocknspui
und sing aa, wenn du Wert drauf legst,
den ganzn wunderscheena Text.«

Und so hams' ogfangt mit dem Liad
– und alle zwoa warns' diaf gerührt –
von oan, der wo a Madl möcht,
und sie sagt: Ja, ihr waar ois recht,
wenn er a Edlweiß ihr braacht.
Doch er stürzt in der finstern Nacht
vom Grat der steilen Felsenwand,
das Edelweiß in seiner Hand,
und 's Deandl siecht's in großer Not,
denn 's Bleame, des war bluatig rot.

Wias' fertig gwen san mit dem Liad,
hams' gwart, dass irgendwas sich rührt.
Was d' Blaueisgletscherkönigin
versprocha hat, waar ohne Sinn,
wenn auf des Musispuin nix gschiacht.
Da plötzlich sehngs' oi zwoa a Liacht!
Was dann passiert is, liabe Leut,
is kaam zum sagn in kurzer Zeit.
Der Watzmann, stellts euch des moi vor,
bricht auf ois wia a Scheunentor!
Oa Flügl rechts, oa Flügl links,
und umadum, da singt's und klingt's.
A große Halle konn ma sehng.
Am Bodn san Edlstoana glegn.

De Wänd warn alle aus Rubin,
mit Diamantn zwischndrin.
Und Lüster hänga überoi
aus wunderbarem Bergkristoi,
und außerdem is hintn obn,
a Stückl wega vom Plafon,
a Bayernwappn higmacht gwen,
des hat der Sach mehr Würde gebn.
Und links und rechts dazua a Fackl,
bloß statt de Löwen warn's zwoa Dackl.
A Traum liegt manchmoi net danebn.
In Bayern san nia Löwen gwen,
des gibt a jeder ehrlich zua,
hingegen Dackl mehr ois gnua!

Doch jetza, Leut, de Hauptsach kimmt,
damit de Gschicht ihrn Fortgang nimmt.
Grad in der Mitt vom Raum is gwest
aus Amethyst a Mordspodest.

Auf dem Podest, horchts auf, da steht,
von Silberwolken zart umweht,
a Thron aus Lapislazuli
– des sagt se ois so trockn hi –,
nur der des recht erfassn konn,
der ahnt, wer drobnsitzt aufm Thron:
überirdisch, ungewöhnlich,
König Watzmann höchstpersönlich!

Wenn's hoaßt, er waar im frühern Lebn
a räuberischer Wüastling gwen:
mag sei, dass da was dro sei kannt.
Doch jetzt, des hat ma sofort gspannt,
war er ein nobler oider Herr,
wia Karl der Große ungefähr,
der aa hat manchn Schmarrn regiert
und jetzt im Untersberg logiert.

»Wer weckt mi auf aus meiner Ruah?
Hätt des net Zeit ghabt bis morgn Fruah?«
So fangt der Watzmann grantig o.
»Was mögst von mir, mei liaber Mo?«

Der Ignaz is glei z'sammazuckt
und hat se ganz diaf nunterbuckt.
»O König Watzmann, magst verzeihn,
i wui net länger ledig bleibn.
Hab Madln ghabt so um de zehn,
doch koane is ma guat gnua gwen.

Jetzt wisst i oane, de mir gfoit,
de muaß i ham, und zwar no heut.
De Blaueisgletscherkönigin
hat gmoant, sie waar bei dir herübn …«

»I woaß«, hat König Watzmann gsagt.
»Moanst, dass sie se mit dir vertragt?
A Berggeist hätts' vernaschn mögn,
i kimm dazua, hab's grad no gsehng.
Jetzt is' bei mir in mein Palast,
und wenn du Interesse hast …«

Der Ignaz is ganz narrisch gwen.
»Wo is', de möcht i sofort sehng!«
Er war vor Freud ganz ausanand.
Da hebt der König rasch sei Hand.

Damit den strengsten Ton er trifft,
redt er von jetzt ab nach der Schrift.
Sei Gsicht war hoheitsvoll und ernst.
»Du kannst sie sehen, wenn du lernst,
dich auch mit Preußn zu verstehn,
auch wenn sie auf die Nerven gehn.
O Freund, in diesen heilgen Hallen,
da findet nur ein Mensch Gefallen,
der sich im Herzen nicht verschließet
und jedermann ergeben grüßet,
und der dem Hochmut nicht verfallen
und auch gleich freundlich ist zu allen …«

»Was sagst? Freundlich zu de Preißn?
Müaßt mi da scho schwaar z'sammareißn!«,
gibt der Ignaz zornig drauf.
»Ehrlich gsagt: Du regst mi auf!

Woaßt woi net, wias' uns derblecka,
gscheiter sei woin ums Varrecka!
Lauter redns' ois mir und schneller,
jeder moant, er waar der Heller.
Woaßt, wias' sagn zu uns, de Preißn? –
Seppl! Jedn kannt i z'reißn,
der Seppl sagt, ganz wurscht, zu wem,
von Seppl-Huat glei gar net z' redn!
Seppl-Hosn is des Schlimmste.
König, woaßt, du übernimmst de …«

Da sagt der König voi Geduid:
»Da san de Bayern selber schuid!
Wer Watschnplattler produziert
und sich ois Bayer net scheniert,
das Alpenvolk so zu beschreibn,
ois daat's am Abnd nix anders treibn,
ois wia zum Kammerfensterln geh
zum Annamirl vom Königssee,
tagsüber jodln, Zither spuin
und mit der Bix auf Gamserl zuin,
und singadn de oide Weis
vom Almenrausch und Edlweiß!
Wer Bayern ois Klischee verkaft,
ois werad gsuffa nur und graft,
ois Kammerfensterl-Paradies,
so deppad, ois' nur möglich is,
der braucht se drüber net beklagn,
wenn d' Preißn zu eahm ›Seppl‹ sagn!«

Drauf war der Ignaz meisalstaad
und hat se zu de Berg hidraaht,
schaugt umi nach Bartholomä.
Da siecht er, dass vom Königssee

bis weit ins letzte Eckerl hint
– ja, war er denn auf oamoi blind? –
im ganzn Tal koa Preiß mehr is.
Grad warns' no da, des woaß er gwieß.
Und seitlich hams' net außekönna,
weil da de Woipertinger stehna.

Doch wia er schaugt zur Ostwand num,
da hat er gmoant, es haut'n um.
Da kletterns' nauf, de ganzn Leit,
und ham se an de Felsn kreit.
Zu Tausenden sans' drinnaghängt,
und alle hams' zum Gipfe drängt.

Wia Fliagn sans' grawed in der Wand,
moi nebranand, moi übranand.
Aa da, wo's eisig war und steil,
sans' drüberkraxlt ohne Seil.
Junge, Oide, kloane Kinder,
Fraun mit Stöcklschuah net minder!

Scheinbar hams' koa bissl Boin,
koa Oanziger is runtergfoin.
Nach zwanzg Minutn ungefähr,
da war de Ostwand menschnleer.

Der Ignaz, der war tief gerührt,
hat in der Brust a Regung gspürt:
Is oana Bayern so geneigt,
dass er durch d' Watzmann-Ostwand steigt,
damit er dableibn konn im Land,
des is, woaß Gott, scho allerhand!
Was in der Ostwand is passiert,
des hat an Ignaz imponiert.

Und außerdem, des sell is gwieß,
wer moi in Bayern hoamle is,
der möcht hoit gern für immer bleibn
und lasst se aa durch nix vertreibn.
Da könna d'Bayern doa, was' mögn,
des hot er jetza deutlich gsehng.

»O König Watzmann, hör ma zua:
Mi bringt koa Preiß mehr aus der Ruah!
Wui ois vergessn und begrabn.
Sag, konn i jetzt des Madl ham?«

Da hat der König Watzmann gnickt
und einen Diener außegschickt.
Der Ignaz denkt, jetzt kimmts' glei rei …
De Tür geht auf – er duat an Schrei …

Und wia's hoit is, wennsd' so was draamst,
wennsd' endlich zu was Bsonderm kaamst –
dann wacht ma auf und schaugt recht dumm.
Er hört an Wirt sagn: »Wibke, kumm,
jetzt is er wach, jetzt konnst'n fragn,
was er dir Wichtigs hat zum sagn.«

Und wia der Ignaz d' Augn aufreißt,
da moant er grad, er siecht an Geist …
A Madl beugt se zu eahm ro.
»Sie suchen mich, jetzt bin ich da!«,
hats' gsagt. »Was möchtn Sie von mir?
Wenn's wichtig ist, bin ich dafür,
dass wir hineingehn in das Haus,
dort spricht es sich doch besser aus.«

Der Ignaz hat a Mattscheibn ghabt.
Des Gsicht! Fast waar er übergschnappt!
Des Gsicht, des muaß des Madl sei,
in des er sich verliabt hat glei
und wega der er übern See
gfahrn is nach Sankt Bartholomä.

Des muaß er mitzogn ham im Draam,
a soiches Gsicht vergisst ma kaam!
Es ist desselbe Madl gwen,
des auf dem Buidl war zum sehng,
von dem er draamt hot jetza grad
und des er so bewundert hat!

Schnell steht er auf und sagt zu ihr:
»I bitt scheen, gehnga S' doch mit mir
ins Wirtshaus eine, san S' so guat.
I möcht was sagn und hab koan Muat.«

Und wias' na drin san in der Stubn,
da nimmt sie eahm koa bissl krumm,
wia er da umananderdruckt,
des, was er sagn wui, nunterschluckt,
bis eahm dann endlich außabricht,
was sie glei gmerkt hat an seim Gsicht.

Es steckt eahm scho lang gnua im Hois:
»Sie gfoin ma narrisch, des is ois!«

Sie is glei rot wordn auf und auf
und lacht'n o und sagt nix drauf.
Erst wia er ihr hat nomoi gsagt,
wia guats' eahm gfoit, da hat sie gfragt:
ob er aa ehrlich is zu ihr.
Da hoit er se no grad mit Müah
und langt nach ihre zartn Händ.
»I hab no nia a Madl kennt,
des mir so gfoin hat grad wia Sie!
Sie ham mei ganze Sympathie!«

»Ich danke für das Kompliment!«,
sagt sie. »Obwohl man sich nicht kennt,
so ist man doch verliebt im Nu!
Ich heiße Wibke, wie heißt du?«

An dera Stell erst werd's eahm klar,
dass 's Madl eine Preißin war.
Des hat'n durchaus net scheniert,
nach dem, wos ois im Draam passiert.

Obwoi, ma derf net übersehng,
no mehr is' an was anderm glegn,
dass er net gsagt hat: liaber net,
weil des bestimmt in Grabn neigeht,
wenn sich a Bayer und a Preiß
verbandeln duan auf soiche Weis!
Der diafre Grund is vuimehr gwen,
– obwoi ers' hat erst oamoi gsehng –
dass er verliabt is gwen in sie.
Verliabt – des sagt se so leicht hi!
Sie hat a so liabs Gsichtl ghabt,
und er hat felsnfest dro glaabt,
dass, was im Gsicht zum Ausdruck kimmt,
mi'n Innerlichn z'sammastimmt.

Und des war Gott sei Dank der Foi!
I woaß, so is' net überoi …
Doch d'Wibke is, da duat's nix gebn –
a Säi von einem Menschn gwen!

Der Beni hätts' ja aa gern woin,
doch der is lautlos außagfoin,
im Draam und aa in Wirklichkeit
hat er des gsteckte Zui verfeit.

Wer wissen wui, wia's ganga is
mit dene zwoa – des sell is gwieß:
Sie san no heut a glücklichs Paar.
I daat's euch sagn, wenn's anders waar.

Sie redt erheblich mehr ois er,
des Drei- bis Vierfach ungefähr.
Doch duat er trotzdem, was er wui,
und lasst ihr gern des schöne Gfui,
dass sie – des macht eahm gar nix aus –
is absolut der Herr im Haus.

Acht Dirndlgwander hats' im Schrank,
an Geld, da fehlt's net, Gott sei Dank.
D' Leut san a bissl neidig scho:
»Wia de daherkimmt, schaugts es o!«,
hams' gsagt, »jetzt is de Frau a Preiß,
und doch hats' Dirndl dutzndweis!«

Doch war des weniger de Zoi,
wodurch sie oa ums ander Moi
den Neid der Frauen hat erregt –
d' Figur war's, de dahintersteckt!
De Wibke war, des muaß ma sagn,
de feschast Frau von Berchtesgadn.

Der Ignaz, der hat dro sei Freud,
und andre Männer frisst der Neid,
wenns' sehng, wia er sei Frau ausführt,
und mancher fragt ganz unscheniert:
»Mensch, sag, wo hast des Weib bloß her?«
Dann sagt der Ignaz oamoi mehr:
»I hab moi ghabt an schöner Draam,
i daat a Zauberflötn ham,

und wia i eineblas a Liad,
da is was Wunderbars passiert:
Der König Watzmann sitzt vor mir
und sagt: ›Des Deandl da ghört dir!‹
Was siech i, wia i aufgwacht bin? –
Des Deandl, des i hab im Sinn!
I brauch nur auf sie zuawegeh –
und scho ghörts' mei! – Konnst des versteh?«

Margarete

oder
Der Doktor Faust

Frei nach der Oper von Charles Gounod

Vorspruch

Wer Gscheitheit mi'n Schöpflöffe frisst
und d' Welt nur nach Irdischm misst,
der konn leicht an Himme verliern,
denn gschaugt werd ins Herz, net ins Hirn.

Wer d' Welt mathematisch begreift,
se nur auf Computer versteift,
dem konn's leicht sei Augnmaß verziahng,
denn gschaugt werd ins Herz, net ins Hirn.

Wer glaabt, dass er alles versteht
und nur nach der Wissenschaft geht
und moant, dass er d' Weisheit hat pacht,
der konn leicht – Gott woaß – über Nacht
an seelischn Kniaschnaggler kriagn,
denn gschaugt werd ins Herz, net ins Hirn.

❧

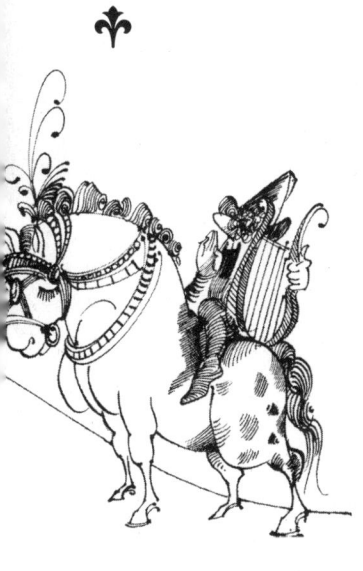

Erster Akt

Der Doktor Faust, müaßts wissn grad,
hat glebt nah bei der Münchner Stadt,
fünf Kilometer weg vom Rand,
bei Obermenzing umanand.

Er hat sei Lebn lang ois probiert,
was, wia er gmoant hat, dazua führt,
dass ma den letztn Sinn erkennt.
Er hat se täglich schier darennt
vor lauter Lesn und Studiern,
hat alles neibaazt in sei Hirn,
was er für wichtig ghoitn hat.
In jeder Wissnschaft auf Draht,
hat er den Tag scho kemma sehng
– in aller Herrgottsfrüah müaßts gschehng –,
an dem eahm 's große Liacht aufgeht,
er plötzlich siecht und g'nau versteht,
was d' Welt fürn Sinn hat und wia's kimmt,
dass ois im Großn z'sammastimmt,
und er dann woaß und klar durchschaugt,
für was de ganz Erfindung taugt;
ob's wirkle gibt a ewigs Lebn,
a ewigs Glück und außerdem
a Finsternis in Ewigkeit …
»Des bring i raus, boid is' so weit!«

Und an an Abnd, da hat er denkt,
dass' bloß no an an Fadal hängt.
»A oanzge Nacht no gib i dro.
Morgn Fruah fangt de Erleuchtung o!
Dann woaß i ois, was wichtig is,
und de Erlösung is mir gwieß!«

Er liest zwölf Stundn ungefähr,
wälzt Foliantn hin und her,
und in der Fruah, wia d'Sonn aufgeht,
der Mond no fahl am Himme steht,
da is er seelisch z'sammagsackt,
hat einen Foliantn packt
und hat'n hochgstemmt voller Wuat
– an Zorn auslassn, des duat guat –
und dann des Buach mit aller Macht
an d'Wand higschmissn, dass' grad kracht.

»Umsonst de ganze Plagerei.
Der Deife hoi's, es soi net sei.
I find net raus, was d'Welt dahebt,
was Sinn macht, ob was ewig lebt.
Des ganze Denka führt zu nix!«
Dann hod er gfluacht: »Kreuzkruzifix!
Mei Hirn is voi und trotzdem leer,
i bin so blöd ois wia vorher!
I hab an fürchterlichn Grant,
dass i de Welt daschmeißn kannt!
I siech koa Zui mehr, des mi treibt.
Des Oanzige, was mir no bleibt,
is, dass i selber setz a End.
I woaß ja eh: Es gibt koa Drent,
es gibt koa Weiterlebn für mi,
ois foit ins finstre Nix dahi.
Koa Trost, auf den ma hoffa kannt!«
Er nimmt an Becher Gift in d'Hand.
Scho setzt er o zum erstn Schluck,
da gibt's eahm auf oamoi an Ruck.

Durchs offne Fenster tönt a Gsang.
Fünf junge Burschn ziahng entlang

der schmalen Straß auf d' Wiesn naus,
ihr Liad klingt fröhlich rei ins Haus:

Frühmorgens eilen wir aufs Feld.
Die Sonne, strahlend wie ein Held,
den Wiesntau zum Funkeln bringt.
Ein lustig Vogellied erklingt
zur Ehre Gottes, unsres Herrn.
Alles jauchzt zu seinen Ehrn!

Der Doktor Faust is z'sammagfahrn.
»Was soi des Liad, ihr blödn Narrn!«
Im Zorn schmeißt er aa 's Gift an d' Wand.
»I daat scho jauchzn, wenn i kannt!
Doch euer Gott verdient koa Ehr.
I siech'n ja net um mi her.
Er kimmt net, wenn i no so schrei!
Verfluacht de ganze Beterei!
Verfluacht de Hoffnung auf a Lebn,
des euer Gott konn niamois gebn!
Er lasst oan hänga, greift net ei,
konn weder Trost noch Rettung sei!

Mir huift nur oana, des is gwieß,
und der kimmt aus der Finsternis.
I brauch'n, foit's aa no so schwer.
Komm, Luzifer, komm schnell daher!«

Da zischt a Rauch zum Fenster rei,
der Doktor Faust duat einen Schrei,
a jaacher Blitz, a Donner drauf,
dann baut se scho der Satan auf.
Sei Nama waar Mephisto, sagt er,
und was er für eahm doa ko, fragt er.

Es war a Deife in Zivil,
sei Auftre'n dementsprechend kühl.
Ma siecht hintnaus koan langer Schwanz.
Er tragt a feines rotes Wams,
a Seidnhosn, schwarz und eng,
a Feder von Halbmeter Läng
am greana Huat und unt am Fuaß
zwoa spitze Schlappa, schwarz wia Ruaß.

Der Kerl war unguat zum ertragn.
A schiacher Lackaff, kannt ma sagn.
Scho wiara schwanzlt hin und her,
sein Buckl krumm macht oamoi mehr.
»Was derf's denn sei? Was steht zu Dienst?«

Der Doktor Faust sagt glei: »Du spinnst!
I wui an Satan und koan Stenz!
Was hast denn für a Referenz?«
»A Referenz? De brauch i net.
Sag liaber glei, um was' dir geht.
Pressiern duat's, i hab wenig Zeit.
Du glaabst ja gar net, wia vui Leut
doch schon drauf wartn, dass i kimm
und eahna d' letzte Hemmung nimm.
Doch Schluss jetzt mit der Rederei.
I frag di nomoi: Was derf's sei?
Oan Wunsch konnst äußern und net mehr.
Nur oan, drum überleg dir's sehr!
Wuist ebba ham a Schaffe Goid?«
»I wisst net, was i damit soit.
Du siechst doch selm, wia oid i bin.
Was hätt da Reichtum für an Sinn!
'as Kreuzweh plagt mi und de Gicht,
und voller Runzln is mei Gsicht.

Der letzte Zahn is längst dahi.
Des Schlimmste aber is für mi,
dass se koa Wei mehr nach mir draaht.
Wennst oid und müad bist, machst koan Staat.
Net oane schenkt mir ihre Gunst,
und ehrlich gsagt, 's waar aa umsunst:
Mit achtzig Jahr, was wuist da scho? –
Da ändert aa dei Goid nix dro …«

»Na guat, was soi's denn nacha sei?
Dei Lebn is längst no net vorbei.
Du brauchst an Auftrieb, sag dir i.
I moan, das Beste waar für di
de allerhöchste Macht, de's gibt.
Ois Machtmensch bist zwar net beliebt,
doch Macht befriedigt, des woaßt eh …«
»Du Gischpe wuist mi net versteh!«
Der Doktor Faust is zapplig worn.
»In vier, fünf Jahr, da bin i gstorm.
I brauch koa Goid, i brauch koa Macht,
waar ois verlorn boid über Nacht.
Hörst net, von was i dauernd red?
I glaab, du gstellst di bloß so blöd.
Mei Jugend möcht i neu erlebn!
Des waar des Höchste! Konnst des gebn?
Verliabt sei, grad wia's früher war …«
Da sagt der ander: »Geht scho klar!
Du konnst as wia der Deife treibn.
Doch vorher muaßt was unterschreibn!«

Er ziahgt a Bladl ausm Sack.
»Zu so a Sach ghört a Vertrag.«
Der Doktor Faust liest schnell den Text.
Dann schreit er: »Saukerl du, was megst?

Mei Säi wuist ham? – I glaab, du spinnst!«
Der ander aber hat bloß grinst
und mit der Zung an Schnaggler do.
»Da waar des Madl, schaug da's o!«

Grad wia der Kerl den Schnaggler duat,
da schiaßt's an Doktor nei ins Bluat,
denn an der Wand erscheint a Buid,
a Dirndl, liab und voller Huid,
schaugt her zu eahm. Er starrt drauf hi
und is sofort varruckt auf sie.

»Was für a Anblick, rein und schee!
I kannt vor Sehnsucht schier vergeh!
Des blonde Haar, de blaua Augn!
I konn mi gar net satt gnua schaugn.
I muaß zu ihr, glei auf der Stell.
Sag, was i doa muaß, aber schnell!«

Schon springt er auf, rennt hi zu ihr,
der ganze Mensch war bloß no Gier.
Da schreit der ander: »Naa, du bleibst!
Du kriagst as erst, wennst unterschreibst!«

Was jetzt passiert, zoagt wieder moi,
wia schnell a Mannsbuid kimmt zu Foi,
siecht er a Madl, des eahm gfoit.
Na gibt's koa Zruck mehr und koan Hoit.
Der Doktor Faust geht in de Knia,
beherrscht se grad mit letzter Müah.

»I muaß di ham um jedn Preis!
Ganz wurscht auf welche Art und Weis.
So schee wia du gibt's koane mehr!
Steig runter, Madl, und kimm her,
dass du für immer bei mir bleibst!«
»Na guat, wenn's so is, unterschreibst!«,
hat drauf der ander zu eahm gsagt.
Der Doktor hat nix weiter gfragt.

In grenzenloser Sinnenlust
hat er koan andern Weg mehr gwusst.
Es war einfach koa Bremsn mehr …
»Jetzt is' scho wurscht! An Griffe her!«

Sei Hand hat zittert, wiara schreibt.
Wenn Liebeswahn den Menschen treibt,
spuit alles andere koa Roin,
er denkt an d' Lust und net ans Zoihn.

Der ander nimmt sofort den Wisch
und stellt an Becher aufn Disch
und sagt: »Des Trankerl is für di.
Schluck's no, werst sehng, na geht's dahi.
Dann bist du jung und voller Kraft.«
Der Doktor Faust langt nach dem Saft.
Er trinkt'n liebesgierig nei
und schreit sofort: »Ja, konn des sei?«

Er is verwandlt mit oan Schlag.
A tolles Wunder ohne Frag! –
Ois fescher Junker steht er da,
den nix und neamd dabremsn ko.
Ois Jüngling voller Manneskraft,
der woaß Gott was bewegt und schafft,
dem aa net oaner widersteht,
und wenn's ums Baamausreißn geht.
Ois edler Herr, ois Junker Faust,
dem net vor Tod und Deife graust,
und aa ois Freier steht er do …
»Wo is des junge Madl, wo? –
Grad war's no da, dort an der Wand!
I daat's umarmen, wenn i kannt!
Warum is' plötzlich nimmer da?
I glaab, du hast mi bschissn, ha?«

»Hab nur koa Angst, dei Stund, de schlagt!«,
hat drauf der Herr Mephisto gsagt.
»Was ausgmacht is, des muaß aa gschehng.
Du werst des Madl heut no sehng!
I bin a Ehrenmann, des woaßt!
I sag dir grad no, wia sie hoaßt:
Gretl! – Is a schöner Nam!
Wia gsagt, i führ euch heut no z'samm!«

Und damit, meine liabn Leut,
is' handlungsmaßig an der Zeit,
dass ma den erstn Akt beendt.
Der Satan reibt se scho de Händ.
Ob er zum Schluss der Sieger is,
des – moan i – is no net so gwieß.

Zweiter Akt

In Aubing is heut Frühlingstanz!
Der Luk, der Bene und der Franz,
de Kathi und de Kordula,
de Lisi und de Barbara
und dreißg, vierzg andre no dazua
kriagn von der Gaude gar net gnua.
Sie singa grad a lustigs Liad.
Nur bloß der Valentin schaugt müad,
ois hätt er net a bisserl Freud.
Er muaß in' Kriag, und zwar no heut.

Er hat koa große Angst vorm Sterm,
des Schlimme aber is für eahm,
dass jetzt sei Schwester is alloa.
Doch d'Fahna ruaft, was soi er doa?

De Gretl is hoit jung und schee,
und d'Burschn san, er konn's versteh,
grad wia der Deife scharf auf sie.
Packt's oana gaach, geht's schnell dahi.

Der Simmerl hat'n tröstn woin:
»Wennst furt bist, hab nur koane Boin.
I pass scho auf dei Schwester auf.
I liab sie doch, verlass di drauf!«

Damit de Stimmung wieder steigt,
hat d'Musi an schön Woizer geigt.
Glei draaht se alles um im Takt,
da hat de Leut 'as Grausn packt.
»Hui hui! Schaugts alle her zu mir!«,
schreit oana plötzlich an der Tür.

Da steht a Mannskerl brettlbroad,
mit rotm Wams und greana Pfoad,
mit Seidnhosn, schwarz und eng,
a Feder von Halbmeter Läng
am greana Huat und unt am Fuaß
an spitzn Schlappa, schwarz wia Ruaß.

Daschreckt schrein d' Leut: »Was wui denn der? –
Kimmt schier ois wiara Geist daher!
Hau ab, mir ham koa Zeit für di!«
Da zischt der sell: »Koa Zeit für mi?
Für oan wia mi habts immer Zeit!
D' Welt is voi Gier und Geiz und Neid.
Sie schaugt gar finster aus und trüab,
und tanzt werd net um Gottesliab!
'as goidne Kalb steht mittndrin.
Nach Goid und Macht steht euch der Sinn!

Net d' Liab is d' Hauptsach, sondern 's Geld.
Nur kurze Zeit seids auf der Welt.
Von heut auf morgn geht's schnell dahi.
Da braucht's an so an Kerl wia mi!
I hoaß Mephisto und konn ois,
was intressant is jednfois.
I lies zum Beispui aus der Hand …«
»Ja den schaug o! Da bin i gspannt!«,
hat da der Valentin glei gsagt,
hoit d' Hand hi und hat angstle gfragt:
»I muaß no heut in' Kriag nausziahng,
sag's ehrlich, dua mi net belüagn,
ob i aa glücklich wiederkimm?«
»Hölldeifi, was i siech, is schlimm!«,
so hört ma an Mephisto sagn.
»Zwar werns' di net im Kriag daschlagn,

doch wennst na hoamkimmst, kriagst an Streit,
na werst dastocha, duat ma leid.«
Der Valentin hat koane Boin.
Der Gloiffe hat eahm glei net gfoin.

»Und i? Was werd mit mir passiern?«,
hat glei drauf na der Simmerl gschrian.
»Da hast mei Hand, schaug ja genau!
Werd woi de Gretl boid mei Frau?«

Da schaugt der ander finster drei'.
»De Gretl, naa, des konn net sei.
De kriagst du net, des is scho gwieß,
weil de jetzt für an andern is.
Und wenn du ihr aa Bleamen bringst,
a Liadl an ihrm Fenster singst.
De Bleamen wern sofort verdorrn.
Des Madl is für di verlorn!«

Wia er des sagt, is was passiert,
dass 's Bluat oan in de Adern gfriert.
Sei Gsicht leucht' weiß ois wia der Schnee,
zwoa Hörndln schiaßn eahm in d' Höh,
und hintnaus treibt's an langer Schwanz
und aus de Augn sprüht geiler Glanz.
»Des is der Deife!«, schrein de Leut.
Angst und Entsetzen macht se breit.

De Huaber Resl rennt ins Eck,
reißt 's Kruzifix vom Nagl weg
und rennt damit zum Deife hi.
»Im Namen Jesu Christ!«, schreit sie
und hoit eahm muatig 's Kreuz entgegn.
»Verschwind und lass de nimmer sehng!«

Der Deife stürzt se auf des Wei,
wui schrein no: »I dagarm di glei!«

Doch wiara 's Kruzifix na siecht,
da is eahm 's Wort im Mei dastickt.
Er windt se no grad wia im Krampf
und löst se auf in Schwefedampf.

Lang hat's no gstunka hinterher.
In Aubing gibt's koan Zweife mehr,
dass des der Deife selber war.
De Huaber Resl hat de Gfahr
gebannt durch ihre Heldentat,
weshalb sie der Gemeinderat
zur Ehrenjungfrau hat erkorn,
obwoi sie 's Dings hat längst verlorn.

Der Deife lasst se net vertreibn,
da wo er is, da wui er bleibn.
Und wenn ma'n aa mit Gwoit verjagt,
dann is er in der Näh glei gfragt,
weil manchem hoit vor gar nix graust.
In dem Foi war's der Junker Faust,
der mi'n Mephisto kimmt daher.
De Straß vorm Wirtshaus is fast leer.
Nur grad da unt beim Bäcker Kraß
geht a jungs Madl über d'Straß.

Der Junker Faust is zapplad gwen.
»Wenns' net boid kimmt, konnst was dalebn,
Mephisto, du hast gsagt zu mir,
dass du mi heut no führst zu ihr!
Wo is de Gretl, i wuis' sehng!«
»Schau hi, sie kimmt uns grad entgegn!«

An Junker Faust is' einegfahrn,
wias' fuchzehn Meter weg no warn.
»Mein Gott, des Madl is so schee!
I kannt vor Glücksgfui schier vergeh!
Sie woaß no nix? – Was soi i sagn?«
»Du Depp, da derfst do mi net fragn!«,
hat drauf der ander saugrob zischt.
»Was is, i glaab, di hat's dawischt.
Z'erst z'reißt's di schier vor Ungeduid,
wiasd' 's Madl gsehng hast aufm Buid,
jetzt, in Natura inszeniert,
da duast auf oamoi recht scheniert.
Geh auf sie zua, red s' einfach o,
sei schneidig, und dann klappt des scho!«
Der Junker Faust konnt kaam was sagn.
Ihr Schönheit hat eahm d'Stimm verschlagn.

Und für an Augnblick war's so,
dass er sich denkt hat: »Guater Mo,
da huift aa net de größte Müah,
des liabe Dirndl kriagst du nia!
Sie is schier überirdisch zart,
und jedes Wort is da zu hart,
des i in Ehrfurcht an sie richt.
Naa, naa, es werd nix aus der Gschicht!«

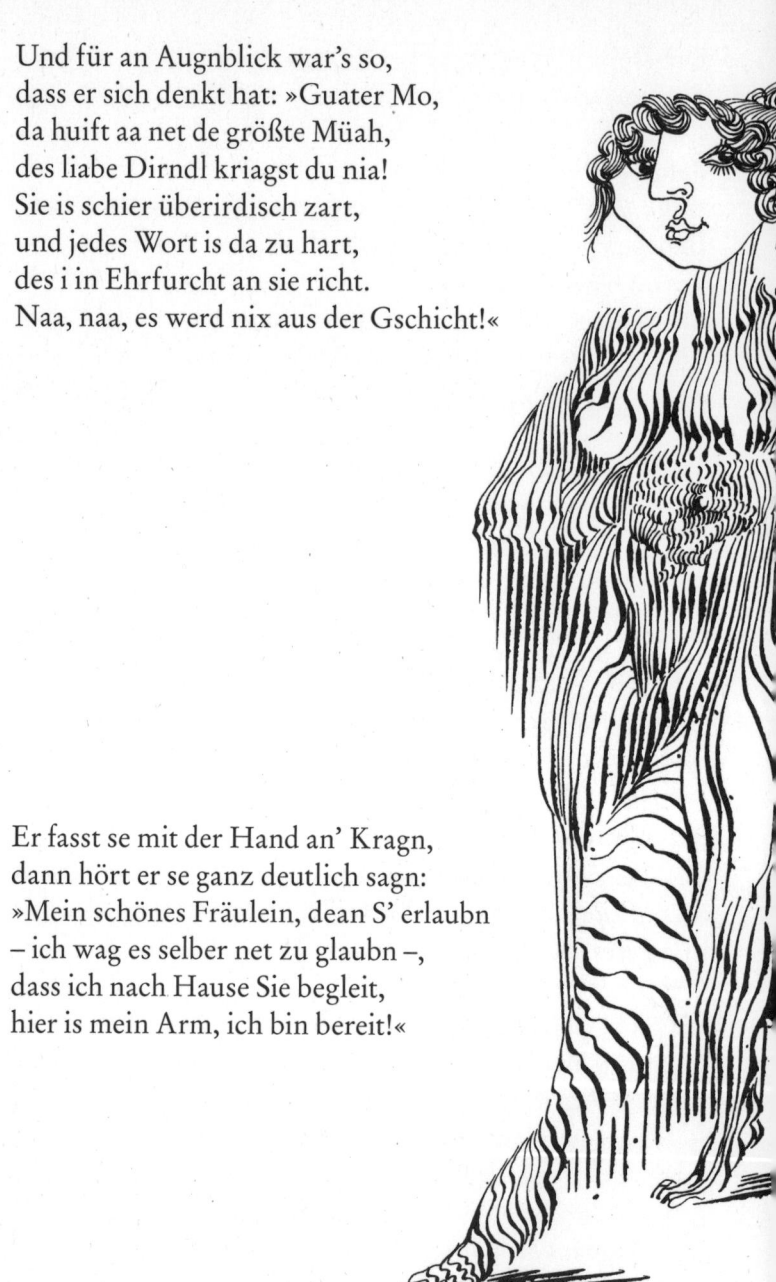

Er fasst se mit der Hand an' Kragn,
dann hört er se ganz deutlich sagn:
»Mein schönes Fräulein, dean S' erlaubn
– ich wag es selber net zu glaubn –,
dass ich nach Hause Sie begleit,
hier is mein Arm, ich bin bereit!«

»Naa, naa, mein Herr, i dank recht schee.
I geh alloa, des wern S' versteh,
denn für an Schutz besteht koa Not.
Und nomoi Dank! Pfüad Eahna Good.«

Und scho entschwebt sie leicht und schnell.
Der Junker Faust bleibt an der Stell
und schaugt der Holdn traurig nach.
So leicht is' oiso net, de Sach!
Dann schaugt er an Mephisto o.
»Du hast bloß zuagschaugt und nix do!«

Der sagt: »Was konn denn i dafür?
Dei Missgeschick is net mei Bier.
I fadlt's ei, i führ dirs' zua,
und des is laut Vertrag Sach gnua.
Des Madl geht so leicht net her.
Des nächste Moi erreich ma mehr.
Aa wenns' streng christlich is erzogn,
i hab scho manche nunterbogn.
Morgn Fruah, da gehng ma's wieder o.
Hab nur koa Angst, des kriagn ma scho!«

So leicht, wia der Mephisto denkt,
hat er de Gschicht na doch net glenkt.
Und manches laft no recht vertrackt.
Wiaso, erfahrts im drittn Akt.

Dritter Akt

Wenn's Fruajahr is und alles treibt,
kaam oana mehr im Haus drin bleibt.
A jeder freut se an der Blüah,
und aa der Simmerl suacht mit Müah
de allerliabstn Bleamen aus,
damit ers' bindt zum schöna Strauß
für d'Gretl, de er hoch verehrt.
A Gamswurz is gwieß net verkehrt.

Doch wiara's in der Hand drin hoit,
des Bleame welkt und z'sammafoit.
Und wiara dann a zwoats probiert,
des Gleiche no amoi passiert.
Der Simmerl is verzweifed schier,
jeds Bleame, des er nimmt, werd dürr!

Da foit eahm der Mephisto ei.
Der Haderlump, der werd des sei,
der eahm den Fluach hat aufebrennt!
Der Simmerl is zur Kircha grennt,
weil's da ein starkes Mittel braucht,
hat er de Hand in Weichbrunn taucht.

Gott sei gelobt mit Dank und Ehr! –
Jetzt welkt koa oanzigs Bleame mehr!
Im kloana Garterl neban Haus
bindt er den allerschönstn Strauß.

»O Gretl«, sagt er leis für sich,
»der Strauß ghört dir, ich liebe dich!
I leg ihn hin vor deine Tür.
Du woaßt ma gwieß an Dank dafür.«

Der Herr Mephisto sagt zum Faust:
»Hast gsehng de Bluma, gäi, da schaust!
Der Simmerl liabt de Gretl sehr.
Wia guat, mir kemma grad daher
und könna ebbas doa dagegn.
Aa mir duan was vor d'Haustür legn.
Dann woin ma sehng, wer Chancen hat!
Mir is in dem Foi nix zu schad.

Mir packas' bei der Eitelkeit.
Mit Schmuck fangst jedes Weiberleut.
Drum legn mir ihr a Kasterl hi
mit schöne Edlstoa für sie.
A Ohrgehänge mit Rubin,
dann is fürn Simmerl nix mehr drin.
I hab's eahm scho im Wirtshaus gsagt,
er waar da absolut net gfragt,
und wenn's der Esl net versteht,
dann huift woi aa koa Weichbrunn net.
Werst sehng, des Weitre kriagn ma scho …
Moment, i bin glei wieder do.«

A Schwefedampf, scho war er furt.
Der Junker hat zur Tür higlurt.
Obs' woi im Haus is um de Stund? –
No heut duat er der Gretl kund,
dass er se liabt mit hoaßer Gluat.
A Wonneschauer schiaßt ins Bluat
bei dem Gedankn, dass nur eahm
– er kannt vor Liebessehnsucht sterm –
nur eahm alloa des Madl ghört!
Ob's wirkle heut no ebbas werd? –
Des zu bezweifen is koa Grund,
denn scho kimmt Schwefedampf von unt,

dazu a kloana Höllenlärm,
und der Mephisto steht vor eahm.

Er hoit a Kasterl in de Händ
und sagt: »I hab me schier darennt!«
Dann schleicht er se zur Haustür hi
und stellt des Kasterl ab für sie.

Dann ham se alle zwoa versteckt.
»Wenn d' Gretl de Schaduin entdeckt,
obs' dann woi ahnt, von wem de is?«
Der Junker is se da net gwieß.

Und wiara hinterm Busch des sagt,
kimmt d' Gretl, de a Körwe tragt,
grad eina zu der Gartntür.
Sie könna's net erwartn schier,
bis sie des kloane Kastl siecht,
des direkt vor der Haustür liegt.

Jetzt bleibts' beim Rosnstrauch kurz steh,
redt laut mit sich und sagt: »O je,
wer mag der Kavalier woi sei
– i kumm net los von eahm, o mei –,
der mir d' Begleitung obo'n hat.
I Dummerl lass'n abfahrn, schad!
Er war, des hat ma sofort gsehng,
a edler Herr, ma kannt'n mögn.
Ob i ihn jemois wiedersiech?
Sei Blick auf mi war wia a Stich
ins Herz, wia konn i des versteh?« –
»Schaug hi, jetzt duats' zur Haustür geh!«
Der Junker Faust vor Neugier brennt.
»Jetzt hoits' des Kasterl in de Händ!«

A Schrei ertönt von drüben her.
D' Erregung, de steigt mehr und mehr …
Sie siecht den Schmuck im Kasterl drin:
a Ohrgehänge mit Rubin!
A kloana Spiagl liegt dabei.
Von wem mag woi des Kasterl sei? –

Den Blumastrauß hats' kaam beacht',
den wo der Simmerl ihr hat bracht.
Der Sinn war ihr a weng verwirrt.
Im diafstn Herzn drin hats' gspürt,
dass der geheimnisvolle Mo,
– wia macht sie der Gedanke froh! –
der sie nach Haus begleitn woit,
de Edlstoana und des Goid
ois Kavalier ihr hat verehrt …
Wias' woi im Spiagl ausschaung werd? –

Sie steckt 's Gehänge an ihr Ohr.
De Eitelkeit macht sie zum Tor!

Im Spiagl siechts' a Königskind
voll holder Anmut, und sie findt,
dass kaam a andre ihra gleicht,
ihr Schönheit und ihrn Glanz erreicht,
wenn sie des Ohrgehänge tragt.
Was woi d' Frau Marthe dazua sagt? –

Da kimmts' aa scho, d' Frau Nachbarin,
schlagt d' Händ z'samm. »Mein Gott, naa, i bin
entzückt von dera Kostbarkeit.
Ein Bildnis voller Glanz Ihr seid!
Wer hat Euch das Gehänge gebn?«
»I woaß net, i hab's gfundn ebn
an meiner Tür, Frau Nachbarin.
Im Kasterl war koa Zettl drin.«

»Was braucht's da an papierna Wisch!«,
ruaft da a Stimm aus dem Gebüsch.
Der Herr Mephisto tritt hervor.
»Frau Marthe, neigt mir euer Ohr!
Muaß leider Euch was Traurigs sagn,
Ihrn Mo, den hams' im Kriag daschlagn.
I hab's erfahrn, es duat mir leid,
doch Wundn heiln ja mit der Zeit.
An letztn Gruaß richt i no aus,
des hat er gwunschn, dann war's aus.«

D' Frau Marthe is kurz z'sammazuckt,
was' sagn woit, hats' glei nuntergschluckt.
Scheint's hats' ihrn Mo net bsonders mögn,
der ander hat des sofort gsehng.

»Frau Marthe, habts a Tröstung not? –
I mach Euch gern a Angebot!«,
hat der Mephisto gsagt zu ihr.
»Lang woana steht woi net dafür.
A Trauerzeit in Schwarz, was soi's!«
Er legt sein Arm um ihren Hois
und geht mit ihr a weng spaziern,
ois mechtas' auf der Stell verführn.

A so gemeine Lumperei
foit wirklich nur an Deife ei.

Eahm war's alloa nur darum z'doa,
dass sich sei Schützling ganz alloa
mit Gretl unterhoitn ko.
Wia gsagt, nur deswegn hat er's do.

Doch war de Rechnung ohne Wirt:
D' Frau Marthe siecht se scho verführt.

»Bist doch a Deifeskerl!«, hats' gsagt
und aa net lang mehr nachegfragt.
Sie is total in eahm vernarrt
und hat'n in ihr Wohnung zarrt.

Des is für eahm recht peinlich gwen.
Er sagt zu sich: »So is das Lebn.
Mephisto, dass du des nia lernst? –
De oide Henna moant des ernst!«

Wia na d' Frau Marthe furt gwen is,
war sich de Gretl ziemlich gwieß,
dass sie den Junker heut noch siecht.
Schnell hat sie sich a wengerl gricht'.

Von welcher Art is sein Begehr? –
Ob er sie liabt auf Treu und Ehr?
Sie lebt alloa auf dera Welt,
und neamd is da, auf den sie zäiht.
Hätt woi a End de Einsamkeit,
wenn boid der Junker um sie freit.

Am Disch dort steht a Bleamestrauß.
Sie ziahgt a kloane Blüatn raus.
Den blaua Stern da wui sie fragn.
Vielleicht konn er de Antwort sagn.
Er liabt mi und er liabt mi net …
Ma woaß ja, wia des Zupfa geht.
Sie ziahgt de Blütnblätter raus.
»Er liabt mi!«, sagts', und dann war's aus.

Ob woi des Bleame d' Wahrheit sagt? –
Gleich drauf ihr Herz wia rasend schlagt.
Zur Tür kimmt rei der Junker Faust.
»Liabs Madl«, sagt er, »gäi, da schaust!
I woit di unbedingt no sehng.
Wia gfoit dir denn des Ohrgehäng?«

»O edler Herr, ich armes Ding
bin für das Kleinod vui zu g'ring!
Nehma S' es zruck, i bitt recht schee –
und außerdem – Sie wern versteh –
es is boid Nacht, was denka d' Leut,
wenns' sehng, dass i zu dieser Zeit
an Mo no einalass zur Tür.
I woaß aa net, was S' woin von mir!«

Da nimmt er zärtlich ihre Hand.
»I sagad's ja, wenn i bloß kannt!

I bin so aufgregt, derfst ma's glaam,
i suach nach Wortn, bring nix z'samm.
Mei ganze Sprach langt da net aus,
so vui i denk, i bring nix raus.
Vielleicht is 's Beste, wenn i sag:
Du bist wia d' Sonna, de an Tag
erhellt und wundersam erwärmt,
a Bluma, de umkost, umschwärmt
vom Liacht erglänzt in Farbenpracht
und wenn i s' oschaug, trunken macht.
Bist schöner wia der schönste Stern!
Wia gsagt, i konn dir's net erklärn,
wia's mir ums Herz is, liabstes Kind!«
So hod er gredt und ihr dann gschwind
a innigs Bussl aufedruckt.
Sie hat net abgwehrt und net gmuckt.

Aa sie brennt grad so liachterloh.
Was nacha kimmt, des woaß ma scho.
Des braucht ma weiter net beschreibn,
wia's er und sie mitnander treibn.

Nur oans, des muaß ma aa no sagn,
wenn scho de Flammen z'sammaschlagn:
Brennt d' hoaße Liab nur grad oa Nacht,
erlischt am andern Tag de Pracht,
fehlt hinterher de Herzenswärm,
dann gibt's am End nix ois wia Scherm.

So is des aa in unsrer Gschicht,
dass alles ausananderbricht.

Was hoit vom Deife kemma is,
hat koan Bestand, des sell is gwieß.

Der Herr Mephisto war net bös.
Er wui nix anders ois wia des:
Oa Nacht war ausgmacht und net mehr,
da is er scho dahinter her.

Insofern san ma scho am End.
Schnell is de hoaße Liab verbrennt.
Was no passiert, des is schnell gsagt
im viertn und im letztn Akt.

Vierter Akt

Es is doch klar, dass' net guat laft,
wenn oana hat sei Säi verkaft.
Denn is der Satan moi im Spui,
konn oana macha, was er wui
und 's Glück auf seiner Seitn ham,
zu schlechter Letzt geht's doch in' Grabn.

Wia gsagt, der Rest is schnell erzählt:
De Gretl bringt a Kind zur Welt.
Der Junker lasst se nimmer sehng,
grad so, ois daat ers' nimmer mögn.

Der Valentin kehrt hoam vom Kriag
und siecht den Bankert in der Wiag.
Ja, Bankert hat er gnennt des Kind,
a Mannsbuild is im Urteil gschwind.

Er hat zu seiner Schwester gsagt,
dass er de Schand gar nia ertragt,
und gschrian, es waar sei Ehrenpflicht,
dass er den Junker Faust dasticht.

Boid war dazua Gelegenheit.
An Junker duat's a wengerl leid,
dass er de Gretl nimmer siecht,
und mehr aus Mitleid ois aus Pflicht
kimmt er bei ihr moi kurz vorbei.
Der Valentin duat glei an Schrei.
»Da bist du ja, ehrloser Gsell!
Dua raus dein Sawe, aber schnell!
Mei Schwester hat von dir a Kind,
a armer Bankert, wia i find!

Und du duast weiter nix dazua.
Oa Nacht, des war für di Sach gnua!
Hast wohl koa bisserl Ehr im Leib.
De Gretl is koa Zeitvertreib
für so an wüastn Lumpngsell!
Jetzt ziahg dein Sawe zum Duell!«

Scho gehngas' aufanander los.
De Gretl sagt: »Was dua i bloß!
Wenn d' Männer amoi narrisch san,
dann sans' auf gar koan Foi zum ham,
kriagn rote Köpf, san blind und stur,
und erst wenns' Bluat sehng, gebns' a Ruah.«

Der Satan hat den Zwoakampf gführt,
damit seim Schützling nix passiert.
Er steht dazwischn unsichtbar,
so is fürn Junker Faust koa Gfahr.

Er sticht an Valentin ins Herz.
Eh dem sei Säi fahrt himmewärts,
hat sterbend er nach Wortn gsuacht
und dann sei Schwester hart verfluacht:
»O Gretl, du bist grundverdorm!
Du bist a Hur!« Dann is er gstorm.
Der dumme Bua hat net bedacht,
dass z'letzt beim Deife liegt de Macht.

Derselbig hat im Wirtshaus gsagt,
dass neamand eahm im Kriag daschlagt.
»Doch wennst na hoamkimmst, kriagst an Streit,
na werst dastocha, duat ma leid.«
Der Faust is jetzt a Mörder gwen.
»Verdammt, des is ja aa koa Lebn!«

So hat er ganz verzweifed gschrian.
»Hab nur koa Angst, des wern ma kriagn!«,
hat der Mephisto zu eahm gsagt.
»I woaß ebbs, dass' di nimmer plagt!«

Er is mit eahm zum Brocken gflogn.
A Zauberwort, und scho warns' o'm.
Dort kemma alle Hexn z'samm,
oamoi im Jahr in Deifes Nam.
Sie fliagn mi'n Besnstui daher,
a zwoa-, dreitausnd ungefähr,
und feiern Urständ aller Sünd,
de, wia ma woaß, vom Deife kimmt.

Was los war, mag i net beschreibn,
sonst daats euch no vor Grausn speibn.
's is guat, wenns nix davo erfahrts,
sonst sehgad i für euch no schwarz.
I möcht net ham, dass' draamts davo,
drum sag i liaber nix, seids froh.

De Gretl is dahoam alloa.
Sie woaß koan Rat, was soi sie doa?
Der Bruader hat sie hart verfluacht.
Sie hat umsonst nach Tröstung gsuacht.
Der Junker Faust lasst nix mehr hörn,
sie is am End, was soi jetzt wern?

Neamd hat von ihr was wissn woin,
so is sie boid dem Wahn verfoin,
dass sie in schwaarer Sünd verdirbt,
und wenn sie eines Tages stirbt,
der Herrgott koa Erbarmnis kennt
und sie an Deife foit in d' Händ.

»Mag koana mir mei Sünd vergebn,
dann muaß des Kind in Schandn lebn!
Neamd hat fürs Büawei a guats Wort!«
Im Wahnsinn hat sie's dann ermordt.

Es kimmt de hohe Grichtsbarkeit
und redt natürlich furchtbar gscheit.
Sie konn den Kindsmord net versteh.
De Gretl muaß ins Gfängnis geh.

Und damit san ma nah am End.
A Liab, a Herz, a Lebn verbrennt.
Der Doktor Faust siecht de Gefahr
und moant, dass no was z'rettn waar.
De Gretl duat eahm plötzlich leid.
Er woaß, es is de höchste Zeit.

So roast er nachtlings no zu ihr.
Es öffnet sich de Gfängnistür.
»O Gretl, schnell, de Freiheit winkt!«
Er siecht, wia sie an' Bo'n hisinkt.
»O Gretl, mei, du derfst net sterm!«
Doch der Mephisto hinter eahm
der reißt'n z'ruck mit roher Gwoit.
»Nix da, mein liabes Freunderl, hoit!
Du gehst mit mir, wia's ausgmacht is,
und dass sie sterm muaß, des is gwieß.
Aa sie is jetzt in meine Händ
und findt wia du a Höllenend!«

De Gretl stirbt, wia er des sagt.
A Kirchnuhr grad sechse schlagt.
Der Ostermorgen steigt herauf.
A Engl fliagt zum Himme nauf
und tragt ihr Säi vorn Richter hi.
Der zoagt Barmherzigkeit für sie.

Weit öffnet sich das Himmelstor.
»Gerettet!« singt der Engelschor.

»Gerettet für die Ewigkeit …
Zu End is alles Erdenleid.
Alleluja, alleluja!
Dankts an Herrgott, denn er wui ja,
dass ma alle mitanander
auferstehn in weiße Gwander!«

Der Junker Faust bleibt zruck alloa.
Ma sagt, er hätt's mi'n Deife z'doa.
In meiner Gschicht, ihr liabn Leut,
werd jeder grett' für d'Ewigkeit.

Der Herrgott hat die Menschn gmacht,
so steht's im Text der Osternacht.
Ois Mo und Frau erschuf er sie.
Gar mancher Weg geht krumm dahi,
doch jeder, der aus Gott geborn,
der geht auf ewig net verlorn.
Seit Jesus Christ erstandn is,
is Rettung für an jedn gwieß!

Der Troubadour

oder
Die Rache der Zigeunerin

Frei nach der Oper von Giuseppe Verdi

Erster Akt

In der Oper »Troubadour«,
da geht's mitunter grausam zua.
De Gschicht is ziemlich lang scho her,
fünfhundert Jahr so ungefähr.

Weit unt in Spanien is' passiert,
wo ein Graf Luna d' Herrschaft führt.
Derselbig is stocknarrisch gwen,
weil d' Dienerschaft hat deutlich gsehng,
wia in der Gartnlaube drin
a bucklade Zigeunerin
sein jüngern Sohn mit Hexnblick
verzaubert hat. »Das freche Stück!«,
schreit da der Graf. »Wia konn des sei?
Wia kimmt de Frau in' Gartn nei?
Hätt ma des net verhindern könna?«
Im Zorn lasst er des Weib verbrenna.

Doch hat de Frau a Tochter ghabt,
und de hat felsnfest dro glabt,
dass sie ihr Muatter rächn wird.
Und wias' glei drauf a Kind schrein hört,
war des der jüngre Sohn vom Graf,
der aufgwacht is vom Mittagsschlaf.

Sie reißt'n außa aus der Wiagn,
doch dann duat ihr was Schlimms passiern.

Statt dass sie in ihrm Rachegeist
des Grafnkind ins Feuer schmeißt,
hats' in der Hast, nur sie duat's wissen,
des eigne Kind ins Feuer gschmissn,

167

des' mittragn hat an ihrer Brust.
Doch, wia gsagt, neamand hat des gwusst,
's Grafenkind habns' nimmer gfundn,
d' Zigeunerin is aa verschwundn.
Azucena war ihr Nama.
Des is der erste Akt vom Drama.

Zweiter Akt

Graf Luna is na boid drauf gstorbn.
Der ältre Sohn is Schlossherr worn.
Der kennt nix anders wia Amore.
Sei Schwarm war Gräfin Leonore.

Doch d' Eifersucht zerfrisst sei Brust.
Verfluachter Mist, er hat scho gwusst,
dass doch der Troubadour Manrico
– schaug oana des verdammte Glück o! –
de größern Chancn bei ihr hat.
Der Graf denkt: »Mensch, was dua i grad?«

De Liab, de brennt, der Hass is groß,
mi'n Sabe gehngas' aufnand los.
Der Troubadour is Sieger gwen,
doch lasst er den Graf Luna lebn,
ois wissad er net, was er wui,
er hat a so a damischs Gfui.

Im Zigeunerlager drobn
sagt Azucena zu ihrm Quasi-Sohn:
»Mensch, es is doch net zu fassn,
wia konnst den Deppn lafa lassn!
So kriagst du d' Leonore nia!
Schaug, dassd' ins Reine kimmst mit ihr!«
Sie sagt eahm aa no glei dazua,
er waar gar net ihr eigna Bua!
»Den hab i damois, soist es wissn,
versehentlich ins Feuer gschmissn.«

Dritter Akt

Leonore wui ins Kloster geh.
Insofern konn ma des versteh,
ois ihr is fälschlich ausgricht worn,
Manrico hätt den Kampf verlorn.

Dass' umkehrt is, hat sie net gwusst.
Dahi is jede Lebenslust.
Geht nirgends mehr a bisserl Trost her,
bleibt in der Oper nur das Kloster.

Graf Luna aber is dagegn.
Er hätt des Madl heira'n mögn
und rennt ihr bis ins Kloster nach.
Dort gibt's sofort an Riesnkrach.

Manrico, der kimmt aa daher.
De Leut vom Grafn san vui mehr.
Schwerter blitzn, Bluat is grunna,
Sieger is zuletzt Graf Luna.

Manrico flieht mit Leonore,
dazu Gesang vom Opernchore.
Über wildem Kampfgetümmel
lodern Flammen auf zum Himmel.
Es spuit a Musi, de oan packt,
damit is aus der dritte Akt.

Vierter Akt

Im vierten Akt geht ois verlorn.
Manrico, der is gfanga worn.
Ma hat'n glei in Kettn glegt
und in an finstern Kerker gsteckt.

Leonore bitt' Graf Luna:
»Du hast den bittern Kampf zwar gwunna,
doch gib mir den Manrico frei!«
Der Graf sagt: »Des kannt möglich sei,
wenn du mir schenkst a Liebesnacht.
Sag Ja, dann is des Gschäft scho gmacht!«
Doch innerlich hat er sich denkt,
dass er de Sach ganz anders lenkt.

Leonore sagt, sie daat scho kemma,
doch hoamle duats' a Gift einehma.
Des hat sie in ihrm Ring mitgführt.
Ma woaß ja nia, was grad passiert.

Graf Luna zoagt se hochbeglückt.
De Gwissheit macht'n schier verrückt,
dass Leonore ihn erhört.
Doch wia er siecht, dass' kaasig werd
und d'Augn verdraaht und z'sammazuckt,
da merkt er, dass sie Gift hat gschluckt.

Da schreit der Graf im höchsten Zorn:
»Mein Gott, was bin i bschissn worn!
Was fang i mit dem Luader o?
Wia bloß a Wei so foisch sei ko
und hinterfotzig mi belüagt!
Den andern hättst du niamois kriagt!

I konn dir des jetzt brüahwarm sagn:
I lass eahm grad an Kopf abschlagn!«

Leonore stirbt dahi,
es gibt koa Hoffnung mehr für sie.

Da kimmt daher die Azucena.
»Was wuist denn du, du blöde Henna?«
Der Graf war außer Rand und Band.
»Ihr bringts mi no um mein Verstand!
Verschwind, denn sonst dastich i di!«
»Doch net, Graf Luna, hör auf mi!
O Graf, i werd di ewig hassn!
Mei Muatter hast verbrenna lassn,
und i hab damois in mein Zorn
am Feuer bittre Rache gschworn.
Doch is mir a Versehng passiert.
I hab mi in der Hast geirrt.
I hab, du konnst es jetzt ruhig wissn,
mein eignen Sohn ins Feuer gschmissn,
dafür dein Bruader mitgeh lassn
und den hast du grad köpfa lassn!
A so is gwen, drauf hast mein Schwur:
Dei Bruader war der Troubadour!«

Der Graf von Starnberg

oder
Die lustigen Weiber von Windsor

Sehr frei nach der Oper von Otto Nicolai

Erster Akt

Wia lang woi is de Gschicht scho her? –
A hundert Jahr so ungefähr.
In Bayern war's, i sag des laut,
weil da des beste Bier werd braut.

Der Graf von Starnberg, muaß ma sagn,
der konn pro Tag zwanzg Maß vertragn.
Am Vormidag a drei, a vier,
de schütt' er nunter ohne Müah,
am Namidag a siebn, a acht,
de haman dann erst durschtig gmacht.
Und abnds, da fangt er richtig o,
da san de großn Humpn dro.
A drei, a viere hintranand,
und trotzdem hat ma nia was gspannt
– aa wenn er sauft de ganze Nacht –,
dass des sei Gsundheit net damacht.

Der Doktor hat scho mehrmois gsagt,
dass des sei Leber net vertragt,
doch er hat gmoant, des waar eahm wurscht.
»Was soi's, i hab hoit dauernd Durscht!
I schütt's o'm nei, und unt lafts raus.
I fui mi woi, und damit aus!«

Sei Körpergwicht nimmt dauernd zua,
doch bringt'n des net aus der Ruah.
Er findet des schee, so kuglrund.
Er wiagt drei Zentner, zwanzig Pfund.

»Mit so an Gwicht, des sag i euch,
da siecht a Mannsbuid erst was gleich

und macht an Eindruck, wia i find«,
so hat er laut und stoiz verkündt.

Nur oans, des muaß ma aa no sagn:
Drei Zentner zwanzg san schwer zum tragn.
Drum kimmt er seltn unter d' Leut,
und des macht sauer mit der Zeit.

So is eahm eines Tages klar,
dass er hoit doch recht einsam war.
»'as Bier is zwar mei bester Freund,
doch waar's hoit wichtig, wia mir scheint,

hätt i de Gsellschaft von an Wei!
Der Deife hoi's, es muaß net sei,
dass so a saubrer Mo wia i
versumpft, es waar doch schad um mi!«

Und wia's hoit manchmoi is im Lebn,
ganz plötzlich is er narrisch gwen

nach einem sauban Weiberleut.
›Es muaß was gschehng, no möglichst heut!
Und schließlich bin i doch a Graf,
möcht wettn, dass i des leicht schaff,
dass d'Weiber sich in mi verliabn.
De mehran san doch schnell zum kriagn.
A Adliger hat leichtes Spui,
auf mi fliagt jede, de i wui.

Am liaban is' ma, des is gwieß,
a Frau, de scho verheirat' is.
De san meist knackig, wia ma woaß,
und gern auf andre Männer hoaß.
A soiche waar aa intressant,
weil ma von der was lerna kannt
und net von so a junga Goaß,
de nix von Liebeskünsten woaß!‹

So hat er voller hoaßer Gluat
– a rasche Tat is meistens guat –
zwoa Liabsbriaf aufs Papier higschmacht'
und aa no austragn in der Nacht.

Weil er de Briaf im Rausch hat gschriebn,
warns' stellenweis arg übertriebn.
Mit alkoholisiertem Hirn
konnst de Kontrolle schnell verliern.
Er war im Suff total enthemmt,
und jede Rücksicht war eahm fremd.
So brecha hoit aus eahm, o Graus,
de allergschertstn Ausdrück raus.

De Briaf ham nix wia Ärger gstift'.
Hoib bairisch, hoibad nach der Schrift

hat der Herr Graf, grad wia's eahm passt,
sein Liebesdurscht in Worte gfasst.

De Daxerin steht in der Früah
erregt an ihrer Gartntür.
De Frau is völlig ausanand.
Sie hoit an Briaf in ihrer Hand.
Der Graf von Starnberg hat ihr gschribn
– ihr is der Schnaufa wegabliebn –:

»O hochverehrte, liebe Frau,
i woaß natürlich sehr genau,
dass sie scho längst an Gattn ham,
doch woaß i aa, dass' neidappt san
mit diesem seltn blödn Viech.
Glaabn S' ja net, dass i des net siech!
A wunderbare Frau wia Sie
– ganz ehrlich gsagt, des jammert mi –
muaß mit an Trottl z'sammalebn!
Was woin S' mit dem scho Ehr aufhebn?

Denn schließlich bin i doch net blind,
ma siecht's, dass Sie net glücklich sind!
Welch Trauer liegt in Ihrem Blick!
Was Ihnen fehlt, ist Liebesglück,
des i alloa nur biatn ko,
im Gegensatz zu ihrem Mo!

Der Mensch is ohne Temprament,
und wer den altn Deppn kennt,
der ahnt, wia schwer Ihr Leben ist.
Wenn einer je Ihr Leid ermisst,
die ungestillte Lebenslust,
dann ich! In meiner Männerbrust

da schlägt ein Herz für Sie allein!
O Teuerste, wann kann es sein,
dass meine Sehnsucht sich erfüllt?
Ich bin bei Tag und Nacht gewillt,
zu eilen an jedweden Platz!
I hoff, mei Briaf is net für d' Katz.

I hab jetzt gsagt, wia's um mi steht.
– I derf doch Du sagn, oder net? –
A Frau wia Du, so jung und schee
– Du werst mi sicher guat versteh –,
de braucht a Mannsbuid von Format,
an Adlign, der Buidung hat,
koan Lätschnbene wia dei Mo!
Was is'n an dem Kerl scho dro?
Des Oanzige, was an eahm glänzt,
des is sei Glatzn! Liabste, wennsd'
Du mir schon bald ein Zeichen schickst
und meinen Liebesdurst erquickst,
werd ich auf ewig glücklich sein!
Dein Graf von Starnberg.« – »So ein Schwein!«,
schreit da de Daxerin entsetzt.
»Du liaber Gott, was dua i jetzt?«

Ihr Archibald is grad verreist.
Da sagt d' Frau Nachbarin: »Was schreist?«

Aa sie hat einen Briaf zur Hand.
Sie loahnt am Zaun und hat net g'ahnt,
was des woi zu bedeutn hat.
»Wer schreibt dir, möcht i wissn grad?«

De Daxerin, kaasweiß im Gsicht:
»I bring den Haderlump vors Gricht!«,
hats' zischt. »Ja derf denn so was sei?
A so a Riesnschweinerei!«

Dann hats' den Briaf der Wimmer gebn.
Aa de is glei recht aufgregt gwen.
Doch dann hats' gsagt: »I lach mi schiaf,
mir hat er gschriebn den gleichn Briaf!
Aufs Wort exakt derselbe Text.
Der Kerl is deppad, sagst, wasd' megst!
Er muaß gwieß bsuffa gwesn sei.
Woaßd' was, den legn ma sauber nei!«

D' Frau Wimmer siecht des mit Humor.
»Wiaso, wia kummst ma du denn vor?«,
hat d' Daxerin glei protestiert.
»Was moanst'n du, was da passiert,
wenn morgn mei Mo des Briaferl liest …«
»Mei liabe Freundin, du vergisst«,
hat d' Wimmerin zur Antwort gebn,
»de Wahrheit is hoit unbequem!
Denn dass dei Mo a Glatzn hat,
des werst ja net bestreitn grad.
Und oft hast gsagt, des woaß i gwieß,
dass er a Lätschnbene is!«

»Und du?«, schreit d' Daxerin im Zorn,
»der Dei is muasad hint und vorn!
Des hast scho so oft gsagt zu mir.
Der Ausdruck ›muasad‹ stammt von dir.
Und was de Glatzn anbetrifft«
– d' Frau Daxer hat se ehrlich gift' –
»der Mei hat no a zehn, zwölf Haar,
der Deine gar koans, is' net wahr?«

So hams' hoit gstrittn no a Weil,
a jede hat se denkt ihrn Teil,
bis endlich gsiegt hat der Humor.
»An Graf«, hams' gsagt, »den führ ma vor.
Der Kerl muaß gstraft wern, geht's, wia's wui.
De Männer lass ma ausm Spui.«

D' Frau Daxer schreibt an' Graf an Briaf:
»O Edler mein, im Herzen diaf
verbrenn in Sehnsucht ich nach dir!
Kimm morgn um zehne rum zu mir!
Am Vormidag bin i alloa,
da geht was z'samma mit uns zwoa!
Nur du gibst meinem Leben Sinn!
Es grüßt dich Deine Daxerin.«

Der Graf is glei ganz narrisch gwen.
Es hat für eahm koan Zweife gebn:
De Daxerin, de liabt'n hoaß.
Wia guat, dass d'Wimmerin nix woaß!

Am andern Tag, da rennt er los.
Sei Herz is weit, d'Erwartung groß.
Punkt zehne steht er an der Tür.
»O du mein Liabster, komm zu mir!«,
sagt sie zu eahm und lacht'n o.
»Vadammt, was bin i für a Mo!«,
hat er glei denkt. »Sie fliagt auf mi!
I geh aufs Ganze, nix wia hi!«

Scho wui er ihr a Bussl gebn …
Der Deife hoi's! Es geht danebn!
Bevor er ihren Mund berührt,
da hat se aufm Gang was grührt.
»Schnell zruck! Da kimmt wer!«, ruaft sie laut.
»Vielleicht mei Mo, o Gott, mir graut!
Der sticht di nieder, sell is gwieß!
Verschwind! I schaug dawei, wer's is!«

Der Graf rennt hinter d'Spanisch Wand.
»Muaß des grad jetza sei, verdammt!«
De Tür geht auf, und wer kimmt rei? –
De Wimmerin! Wia konn des sei?

Der Graf erkennts' glei an der Stimm.
Und wia sie gschrian hat, d'Wimmerin!
»Dei Mo is kemma von der Roas.
Er is ganz narrisch, weil er woaß,
dass du a Mannsbuid hast im Haus.
I rat dir, schmeiß den Kerl glei naus!

Dei Archibald hat 's Messer zogn.
›Kaam is ma furt, werst scho betrogn!‹,
so hod er geschrian, glei is er hier.
Wo hast'n denn, dein Kavalier?«

Der Graf hat zittert und hat gschwitzt.
De Spanisch Wand hat nix mehr gnützt.
A Wäschekorb steht hint im Eck,
da hams'n neibatzt samt sein Speck.

Mit Müah passt grad der Deckl drauf.
Und dann passiert's, de Tür geht auf.

Der Daxer rennt ins Zimmer rei.
»Der Hund, i stich eahm 's Messer nei!«
So schreit er, d' Klinga in der Hand.
Er schaugt aa hinter d' Spanisch Wand
und unterm Diwan, überoi.
»O liaber Archibald, was soi
de aufgeregte Suacherei?«,
fragt d' Daxerin, »i sag dir's glei,
es is neamd da, du suachst umsunst.
Koa andrer steht in meiner Gunst.
I liab nur di, des derfst ma glaabn,
a Hausfreund kimmt mir net im Draam.
Dei Misstraun, des beleidigt mi,
a zwoats Moi nimm i des net hi.
Obwoisd' koan Grund zum Wundern hast,
wenn moi dei Weiwe außegrast,
denn meistens bist du ja verreist,
und wennsd' dahoam bist, lätschad meist!«

Da kimmt der Hausl rei zur Tür
und hinter eahm no weitere vier.

De Daxerin duat eahna sagn,
sie soin den Korb auf d' Bleich naustragn.

Sie hebn de schwaare Last in d' Höh.
Was drinna war, des wissens' eh.
Es ist ja alles ausgmacht gwen.
De Daxerin hat Weisung gebn,
dass sie den Grafn, wenn sie woin,
einfach in See neikippa soin.
Der Hausl aber war dagegn.
»Für so an Wüastling is des z'weng«,
hat er se denkt, »i woaß genau,
wohi mit dera fettn Sau.«

Und scho sans' losgrennt hintnnaus
quer num zum nächstn Bauernhaus.
Da liegt der Kuahmist broat und groß.
Am Bo'n unt laft a braune Soß,
nebno in eine Lacka nei.
Hoibmeterdiaf möcht de scho sei.

Scho schreit der Hausl: »Auf geht's, Buam,
nei mit der Sau in d' Odlgruabn!
Da konn er steh ganz ohne Müah,
bloß saufa derf er net de Brüah!
Mach 's Maul zua, Graf, dassd' net dastickst,
wennst in der Suppn drinnaliegst!«

An Deckl auf, scho kippt er nei.
Der Graf schreit no: »Was foit euch ei!«
Dann liegt er aa scho drin im Saft
und fuchtlt rum mit ganzer Kraft.
Drei Zentner zwanzg, des spritzt ganz schee!
Er rappd se sofort in d' Höh.

Doch ausgschaugt hod er ganz verdreckt.
Sei Gsicht, des war mit Schlamm bedeckt,
und aus de Haar rinnt brauner Saft,
sei Anblick, der is grauenhaft.

Sei Schuahwerk is mit Baaz verstopft,
vom Bauch san Gschlansen awatropft.
I wui's euch weiter net beschreibn,
denn ehrlich gsagt, es is zum Speibn.
Bevor no oan 'as Grausn packt,
beschliaß ma jetzt den erstn Akt.

Ganz ohne Zweife war fürn Graf
de Odlgruabn a harte Straf.
Wenn hoit a Mo, der Liab erwart',
insofern werd vom Schicksal gnarrt,
ois man den Mund, der ihn berauscht,
mit einer Odlgruabn vertauscht,
statt dass er liegt im Liebesbett,
im Odlwasser baden geht,
hat hart erfahrn, was 's Lebn so bringt,
da konn ma ehrlich sagn, eahm stinkt.

Das Schicksal hat's eahm grausam gebn,
doch glaabts ma's, Leut, so is das Lebn.
Wer überheblich von sich denkt,
dass ois nach seiner Seitn hängt,
wer glaubt, er is ganz kurz vorm Zui,
er kriagad endlich, was er wui,
vor Glücksgefühl sich kaam dafangt,
der hat scho oft in Dreck neiglangt.

Zweiter Akt

De Wimmer und de Daxerin,
de ham für Gaude ghabt an Sinn.
Sie warn dem Graf net weiter bös
– a jeder gibt se moi a Blöß –,
er war für sie ein Unikum,
drum nehmas' eahm de Briaf net krumm.

An Graf sei Zorn sitzt freilich diaf.
Doch nach acht Tag, da kimmt a Briaf,
da teilt de Wimmerin eahm mit:
»O hochverehrter Graf, i bitt,
im Namen aa der Daxerin
– mir ham nix Böses ghabt im Sinn –,
verzeihn S' des mit der Odlgruabn!
Es warn net mir, es warn de Buam,

de sich de Lumperei ham gleist'!
Ausgrechnet einem Mann von Geist
muaß so was Schreckliches passiern!
So Lausbuam ham koa bissl Hirn!
Des Ganze duat uns schrecklich leid.
Mir san von Herzen gern bereit,
Sie zu versöhnen, lieber Herr,
wir beide mögn Sie nämlich sehr.
Wir laden Sie zum Gartenfest!
Es kommen lauter noble Gäst.
Am Samstag uma achde rum.
Und nochmois: Nehma S' es net krumm,
weil ich sonst ganz untröstlich bin!
Es grüßt Sie Ihre Wimmerin.«

Der Graf von Starnberg is a Mo,
der oan net leicht was nachtragn ko.
Obwoi der Sturz ins Odlbad
eahm anfangs ganz schee zuagsetzt hat.
Doch spaader hat's'n nimmer plagt.
»Des schwoama awe!«, hod er gsagt.

Sei Bierverbrauch is weiter gstiegn.
Doch wia eahm schreibt de Wimmerin,
da is er eitl Wonne gwen,
ois war vergessn und vergebn.

»Möcht wettn«, hat er se glei denkt,
»dass de Frau Wimmer an mir hängt.
De Daxerin genau a so!
Der Adel ziahgt hoit oiwei no!«

Dritter Akt

A dreißig Leut san des scho gwest,
de gfeiert ham des Gartnfest.
Es is durchaus koa Wunder net,
dass d' erste Zeit recht zaach vergeht.

Der oa sitzt da und schaugt recht faad,
grad so, ois waar eahm 's Mei zuagnaaht.
Der ander redt ganz unscheniert
an Schmarrn, der neamand intressiert,
der dritte, der wo gern was sagt,
findt ums Varrecka koan Kontakt.
De Damen, de ham kaam was gredt.
Ma hat einander gfragt, wia's geht,
drauf hat ma gsagt, ma waar zufriedn.
»So, so! Aha!« – dabei is' bliebn.

Es war hoit damois scho wia heut,
– i muaß des sagn, es duat ma leid –:
De meistn Gäst, des glaabt ma kaam,
wern lustig erst, wenns' bsuffa san.
Z'erst re'ns' fast nix und hocka rum,
erst wenn der Alkoholkonsum
entsprechend steigt, dann rührt se mehr,
dann geht 's Geratsche hin und her.

So is' durchaus koa Wunder net,
wenn erst a Gaude z'sammageht,
nachdem der Graf von Starnberg kimmt
und vor de Leut sei Saufliad singt.

Doch vorher muaß i was erzähln –
a kloane Liabsgschicht derf net fehln.

Gott Amor kimmt ja nia zur Ruah,
des gehört zur Opera dazua.

De Daxers ham a Tochter ghabt.
Der Vadda hat von ihra glaabt,
dass sie mi'n Bäcker Eiterschwang
zwecks Heirat oisboid z'sammagang.
Doch war de Daxerin dagegn,
sie hat an Eiterschwang net mögn.

»Der Trottl hätt ma grad no gfehlt,
der hat koa Buidung und koa Geld!
Das Annerl braucht an reichn Mo,
der ihr was Bsunders biatn ko.
Der Schmucker Peter waar der Recht,
der hat sechs Häuser, und i möcht,
dass sie Verlobung feiern heut.
Jetzt is' allmählich an der Zeit,
dass ma der Gsellschaft des verkündt.
Wo is denn eigntlich unser Kind?«

Der Daxer hat sei Gsicht verzogn.
»Du brauchst an Annerl gar nix sagn,
der Schmucker Peter – nimm's net krumm –,
der is fürs Annerl vui zu dumm.
Der konn doch nia an Ehstand führn,
sechs Häuser hod er, doch koa Hirn!«

So hams' lang gstrittn mitanand
und auf de Weis koa bissl gspannt,
dass 's Annerl is verschwundn gwen.
Sie hat koan Schmucker Peter mögn
und aa koan Bäcker Eiterschwang
und in der Liab scho gar koan Zwang.

Sie fragt gar nia net nachm Geld,
des Oanzige, was für sie zählt,
des is a Herz, des schlagt für sie.
Sie schleicht zum Gartnhäusl hi.

Dort hat der Anderl auf sie gwart'.
Dem gibts' a Bussl, liab und zart.
Verbundn sans' in hoaßer Lust.
Dass' z'sammghörn, hams' von da ab gwusst.

Insofern is des Gartenfest
für de zwoa Junga nützlich gwest.

Doch woin ma jetza weitersehng,
was mit de andern Leut is gschehng.
Das Fest den Höhepunkt erklimmt,
wia dann der Graf von Starnberg kimmt.

Im Auftretn war er schwaar auf Draht.
Er dankt, dass ma ihn eingladn hat.

De Daxer und de Wimmerin
ham gmoant, es machat scho an Sinn,
wenn er a wengerl Schwung neibracht.
Er wissat, wia ma so was macht.

»An Schwung! Des konn ma woaß Gott sagn!«
Der Graf hat einen Humpn tragn.
Den hat er mitbracht von dahoam.
»Von eure Maßkrüag wui i koan!
De san ma z' kloa, da geht nix nei,
a weng Volumen möcht scho sei!«

Den Humpn lasst er fuin mit Bier.
Dann hod er gsunga, und des wia!
Er hat scho glei, des sell is gwieß,
an Rausch ghabt, wiara kemma is.
D' Leut ham eahm zuaghört tief gerührt.
Es war ein wunderbares Liad.

's Liad vom edlen Gerstensaft
»Ois Büawal kloa an der Mutterbrust,
da hab i vom Bier ja no gar nix gwusst.
Doch d' Muattermuich, de war aa net schlecht,
doch heut, aber heut i nix anders mehr möcht
wia a Bier, wia a Bier!
Seids dafür, seids dafür!

Trinkts mit mir, trinkts mit mir
gschmackigs Bier, gschmackigs Bier!«

De erste Stroph is gsunga gwen.
Jetzt duat der Graf sein Humpn hebn,
schreit »Oans!« und »Zwoa!«, sei Durscht war groß,
na schreit er »Drei!« und sauft drauflos.

De Leut hat's gfoin, oisam hams' glacht,
ham »Prost« gschrian und desselbe gmacht.
Des Bier, des hat sei Wirkung do.
Scho fangt de zwoate Strophe o.

»Ois junger Spund auf der Wanderschaft,
da soff ich statt Wein lieber Gerstensaft!
Obwoi der Wein, der is aa net schlecht,
doch heut, aber heut i nix anders mehr möcht,
wia a Bier, wia a Bier!
Seids dafür, seids dafür!
Trinkts mit mir, trinkts mit mir
gschmackigs Bier, gschmackigs Bier!«

Kaam is des Liadl gsunga gwen,
da duat der Graf sein Humpn hebn,
schreit »Oans!« und »Zwoa!«, sei Durscht war groß,
dann schreit er »Drei!« und sauft drauflos.

Drei Liter warn im Humpn drin,
koa Tröpfal is mehr übrig bliebn.
Der Graf is umgfoin wie a Sack.
Er war stockbsuffa ohne Frag.

Doch hat er net sein Geist aufgebn.
Zwoa Deifen duan ihn plötzlich hebn,

hoch nauf, wo schwarze Woikn ziahng
und Dracha umananderfliagn.

Der oa hat nach seim Bierbauch gschnappt.
Der Graf hat gschrian und Angstn ghabt.
De Viecha hättnan fressn woin.
Da lassnan de zwoa Deifen foin.

Scho fliagt er runter aus der Höh
und foit bei Starnberg nei in' See.
Der war bis o'm nauf voller Bier.
Des sauft er aus ganz ohne Müah.

Sei Bauch is groß und größer worn.
Dann hod er gschrian: »I bin verlorn!
I bin so schwaar, i konn net steh!
I kumm net außa ausm See.«
»Glei werd's mi z'reißn!«, hod er denkt.
Da merkt er, dass' auf oamoi rengt.

A nasser Strahl fahrt eahm ins Gsicht.
Da wacht er plötzlich auf und siecht
an Hausl mitn Gartnschlauch.
A Spritzer no auf Brust und Bauch,
dann war de Prozedur zu End.
Der Graf hat gschlottert und hat gstöhnt
und konnt se net vom Bo'n erhebn.
Der Hausl moant: »Na tragn man ebn!«
So hams'n hochghobn ausm Gras,
zu vierter außetragn auf d' Straß.
Dort hams'n, nass und arg verdreckt,
in einen Schubkarrn eineglegt
und hoamgfahrn bis zu seiner Tür.
»Es hat koan Sinn, des viele Bier!«,

denkt sich der Graf am andern Tag.
»I bin blamiert ganz ohne Frag.
I hoit mi zruck, i schränk mi ei.
Denn was moi sei muaß, des muaß sei.«

Er trinkt jetzt nimmer so vui Bier.
Statt drei nur zwoa Maß in der Früah.
Am Namidag nur fünf statt acht,
und aa am Abnd und in der Nacht,
da trinkt er oan, zwoa Humpn leer,
fünf Liter höchstens und net mehr.
Und grad durch diese Mäßigung
is er mit siebzig Jahr noch jung.

Wia's weiterganga is mit eahm,
is hintnach leider net zum klärn.
D'Leut sagn, er waar garniamois gstorm,
er waar a oider Dimpfe worn
und gangad um im Bayernland.
Vielleicht hat mancher scho was gspannt.

In Minga, beim Oktoberfest,
da is er jedes Jahr no gwest.
Beim Starkbieranstich is er da
und sauft se einen Dusl o.

Er is no immer dick und rund
und wiagt drei Zentner, zwanzig Pfund.
Bei jedm Fest is er zugegn.
Und wuisd' an Graf von Starnberg sehng,
erkennst'n an dem oana gwieß:
Er singt nur, wenn er bsuffa is.

La Bohème

oder
Die schöne Mimi

Eine Schwabinger Geschichte
frei nach der Oper von Giacomo Puccini

Passts auf, ös Leut, jetzt kimmt a Gschicht,
bei der a jeder deutlich siecht,
wia ma im Lebn sich täuschn ko.
Oft moant ma, es laft so und so,
wenn d' Liab an Menschn überkimmt.
Doch was' am Schluss für Wendung nimmt,
des lasst se nia im Voraus sagn.
A bisserl Glück is schnell zerschlagn.

Passiert is' in der Münchner Stadt.
I sag no bloß des oane grad:
Es kimmt net zu an Happy End.
Doch wer 'as Lebn a bisserl kennt,
der is von Anfang o drauf gfasst,
dass net ois nausgeht, wia's eahm passt.

Am Anfang von de Fuchzgerjahr,
der neue Wohlstand war no rar,
san in der untern Türknstraß
– es war a Abnd, saukoit und nass –
glei unterm Dach in höchster Höh
in an Schwabinger Atiljö
a Dichter und a Maler ghockt.
Der Rudi hat an Maxl gfragt:
»Sag, hamma nix mehr zum Verschürn?
Müaß ma denn alle zwoa dafriern?
Zum Fuadern hamma aa nix mehr.
Doch z'erst muaß was zum Hoazn her!
Ausgrechnet jetzt, zur Faschingszeit,
wos' prassn dean, de reichn Leut,
da müaßn mir zwoa elend friern!
Des san de Sattn, mir de Irrn!
Mir kriagn koa Geld für unser Kunst.
Was macht's? – 's Dafriern is umasunst!«

Der Maxl schimpft: »I schlag was z'samm,
damit ma was zum Eischürn ham!«
Er nimmt an Stui in seine Händ:
»Jetzt is' scho wurscht, der werd verbrennt!«

»Hoit«, schreit der Rudi, »lass des sei!
Mir foit da grad was Bessers ei.
I moan, de gleiche Hitz dagibt
mei allerletztes Manuskript.
A Drama über Kriag und Not.
Koa Bühne wui's – ich Idiot
schreib über einen soichn Schmarrn!
In Ofa nei, na werd's uns warm!
An so an tristn Tag wia heut,
da hast an gar nix mehr a Freud.«

Scho brennt 's Papier im Ofa drin.
»De ganze Arwat hot koan Sinn!«,
hat drauf der Maxl finster gsagt.
»A Lebn, des wo koa Hund ertragt.
Mi friert's in d' Glubbal, saxndi,
und d' Farb gfriert mir an' Pinsl hi!«

's Papier brennt nur a kurze Zeit,
da sagt der Rudi: »Jetzt hat's gläut'!
Wer mag des sei so spät auf d' Nacht?«
Der Maxl hat schnell d' Tür aufgmacht.
Zwoa Männer rumpen rei in d' Stubn.
Der Maxl moant, es haut'n um.

Der Reindl Hias, der Gerber Lois,
oi zwoa warns' aufpackt bis zum Hois
mit Kuacha, Schleckerein und Wurscht,
mit Herrlichkeitn gegan Durscht,
mit Eier, Butter, Büchsnfisch.
Und ois hams' ausbroat aufm Disch.

Und hinter eahna kimmt no mehr:
Drei Buam tragn Bündlhoiz daher,
dazua a Kistn voi Briketts.
Der Gerber Lois schreit: »Was sagts jetz?«

Der Rudi is am Schrank dortgloahnt,
es fehlt net vui, na hätt er gwoant.
Grad war de Welt no wüast und laar –
und jetzt glanzt alles wunderbar!
De Buama ham a Feuer gmacht,
dann sans' mi'n Trinkgeld naus in d'Nacht.
Der Hiasl hat an Doag ogrührt
und dann an Kaiserschmarrn serviert.

Dazua hat's herbn Weißwein gebn.
Der Maxl schreit: »Is des a Lebn!
Wia kemmts ihr plötzlich zu dem Sach?
Verzäih uns, Hias, geh weiter, mach!
Habts doch genau so wenig Geld!«
Da hat der Hias sei Gschicht erzählt:

»Ma möcht's net glaabn, was ois passiert,
wennst Hunger hast und wenn's di friert.
Wennst moanst, jetzt geht's boid nimmermehr,
kimmt plötzlich 's große Glück daher.
I steh beim Siegestor a Weil,
hoit meine schöna Buidl feil.
De mehran san recht kitschig gwen,
ma moit hoit, was de Leut so mögn.

A Ludwig zwo war aa dabei,
a bsonders süaßlichs Konterfei
in greller Farb und metergroß,
des bring i scho drei Jahr net los.
Im Krönungsmantl, wunderschee!
Da bleibt a Mannsbuid bei mir steh.

A Ami war's, in Uniform.
Sei Gschau is glei begierig worn.
Soweit i's am Lametta siech,
war des ein ziemlich hohes Viech.
»Was kostet Ludwig?«, hod er gfragt.
»Sechs kostet Ludwig«, hab i gsagt.

Sechshundert, denk i, muaß er zoihn,
denn schließlich hab i drei Tag gmoin,
pro Tag zwoahundert, geht schon klar.
Ob's net mit fünf zum macha waar?,

hat drauf der Ami englisch gfragt.
»Varreck doch!«, hab i bairisch gsagt.
»Yes, Mister, fünf in Gottes Nam!«
Was dann passiert, war wia a Draam.

Der Ami zoiht mir ausm Stand
fünftausend Deutsche Mark auf d'Hand.

Des Buidl hat eahm narrisch gfoin.
I hab no koans so kitschig gmoin.
Grad des hat er für Kunst ogsehng.
Mir is des wurscht, hab nix dagegn.
A jeder, wiara's hoit versteht,
der oa is hell, der ander bläd.
Woaß Gott, was d' Ami uns beschern,
wenns' ebba unsre Freund moi wern.
Was' da an Kunst uns offeriern
und uns amerikanisiern!
Da kimmt no manches auf uns zua,
I hab da heut scho ehrlich gnua.

Und jetzt werd gfeiert, Fasching is!
Leut, fuits euch wia im Paradies
und essts und trinkts, wia's euch behagt.
Der Gimpewirtin hab i gsagt,
dass mir um zehne kemma dean,
da werds na erst no lustig wern.
Gehts alle mit, i lad euch ei,
heut abnds derf koans alloanig sei!«

Oisam hams' gsagt, des waar a Wort.
So sans' glei nachm Essn fort.

Nur grad der Rudi duat no bleibn.
Er muaß no an Artikl schreibn.
»In oan, zwoa Stundn kimm i nach!«
Scharf pfeift der Eiswind übers Dach,
wia er dann staad am Schreibtisch sitzt
und de Gedankn außaschwitzt.

Er hat koa bisserl Ahnung ghabt
– ois Mensch, der net an Wunder glaabt –,

dass in der Stund no ebbas gschiacht,
was Hoffnung für eahm is und Liacht
und was'n diaf im Herz bewegt.
Er hat sei Feder wegaglegt,
denn grad war's eahm, ois hätt's kurz gläut'.
Wer mag des sei no um de Zeit?

A junges Madl steht am Gang
und hoit se an der Wand entlang.
Er woaß, sie wohnt glei neba eahm.
»I bitt Sie, kemma S' rei in d' Wärm!«
A zwoa, drei Schritt, dann brichts' schier z'samm.
Er springt dazua, nimmts' an de Arm
und führts' behutsam zu an Stui,
dann sagt eahm 's Madl leis, was' wui.

Nur grad a Streichholz wenn er hätt.
»Der Wind hat 's Kerznliacht verweht,
's elektrisch Liacht is no net gricht!«
An Rudi, wia er 's Madl siecht,
fahrt's eahm glei eine siadad hoaß.
Da wohnt ma nebranand und woaß
so vui wia gar nix vonanand.
Er nimmt ihr zarte, kloane Hand.

Du großer Gott, sei Herz bleibt steh.
Wia liab sie is, wia wunderschee!
Und was für Glanz in ihre Augn!
Er konn nur no ergriffn schaugn.

»O mei liabs Fräulein«, sagt er leis
und auf unendlich zarte Weis,
»Ihr Handerl is so eisig koit!
Wenn's Eahna grad a wengerl gfoit,

dann wärma S' Eahna da bei mir!
Lang wohna ma scho Tür an Tür,
ham nia a Wort mitnander gredt!
Ma rennt dahi und siecht se net.
I bin der Rudi und i schreib
für Geld und aa zum Zeitvertreib
Gedichte, Gschichtn, wia's grad kimmt,
Theaterstücke, de neamd nimmt.
Zum Jammern hab i zwar koan Grund,
i leb hoit von der Hand in' Mund.
Und übers Schönste auf der Welt,
da schreib i net fürs schnöde Geld …«

»Des Schönste auf der Welt«, sagt sie,
»i woaß net, was des is für mi.
Es is doch ois so leer und trüab …«
»Des Schönste auf der Welt is d' Liab!«,
sagt er drauf laut und druckt ihr Hand.
»I fui mi wia im Märchenland,
wenn i in Ihre Augn neischau.
Grad wia a Wunder is', i trau
mir fast net sagn, was i verspür,
was wia a Feuer brennt in mir.
Hab oiwei gmoant, des gebad's net,
dass, was ma unter Liab versteht,
oan wia a Flamma überkimmt
und auf der Stell de Fassung nimmt.
A Schicksal is de Stund für mi!
Gradraus: I bin verliabt in Sie!
I bin no nia so glücklich gwen.
Ihrn Nama, Fräulein, sagn S' mir den?«

Sie zögert an kloan Augenblick,
und dann sagts' selig-süaß vor Glück:

»Mimi sagn de Leut zu mir.
I woaß, mir wohna Tür an Tür
und wissn doch nix vonanand.
Was uns zwoa trennt, is nur a Wand,
a dünne Wand aus koitm Stoa.
Sie san zu zwoat, i bin alloa.
Obwoi i d' Einsamkeit ertrag,
werd doch recht lang so mancher Tag.
I dua hoit arwan früah und spaad,
und arwan könna is a Gnad.
Sticka dua i Leinendeckn,
Blätterwerk an Rand und Eckn
mit Rosnblütn in der Mitt.
Und wenn i dann 'as Schicksal bitt,
es soi mi lang no wergln lassn,
dass d' Händler in der Feilitzschstraßn
mir Geld gebn für mei Stickerei,
dann hoff i, es möcht gnädig sei.

Nur oans, des gib i ehrlich zua,
bringt mi so manchmoi aus der Ruah:
weil i hoit gar nix hab vom Lebn.
Ois junges Madl möcht ma sehng,
wia schee dass d' Sonnaseitn glanzt,
doch neamd is da, der mit mir tanzt,
der mi moi ausführt auf a Fest.
Bin immer nur alloanig gwest.
Und kimmst hoit gar net unter d' Leut,
na werd ma sauer mit der Zeit.«

Der Rudi legt sein Arm um sie.
»Sei ruhig, Madl, jetzt hast mi!
Obwoi, des gib i ehrlich zua,
am Abnd, da hab i gern mei Ruah.

A so a Lebn in Saus und Braus –
i machad ma da gar nix draus.
I moan hoit, 's Wichtigste für di
– natürlich grad so aa für mi –
is des, dass mir uns gfundn ham,
des macht uns glücklich, derfst ma's glaabn.
Schau, wenn ma moant, ma waar am End,
net weiterwoaß, koan Ausweg kennt,
geht d'Tür auf und kimmt 's Glück daher.
Des woaß i jetza oamoi mehr!«

Drauf ham sie nix mehr weiter gredt.
Ma kennt's ja, wia des dann so geht,
wenn d'hoaße Liab zwoa Menschn packt,
was is da scho mit Wortn gsagt!
Ma werd zur Flamma auf der Stäi
und gibt se hi mit Leib und Säi.
Zwoa junge Leut, ma konn's versteh,
passiert is' aufm Kanapee.
Oi zwoa warns' glücklich mitanand.
Lang sans' no gsessn Hand in Hand,
und dann, so uma elfe rum,
da sagt der Rudi: »Mimi, kumm,
mir gehnga no zum Gimpewirt!
Ich hab's versprocha, es pressiert.
Dort wartn guate Freund auf mi.«
»Is recht!« sagt d'Mimi. »Nix wia hi!«
Sie war begeistert auf der Stell.
Es hat'n gwundert, wia sie schnell
ihrn Mantl hoit und furtdrängt hat.
Der Schnee foit auf de Münchner Stadt.

Kurz war der Weg zum Gimpewirt.
Dort wartn s' scho auf eahm zu viert:
der Gerber Lois, der Reindl Hias,
der Maxl mit an junga Gmüas
im Arm, des sich Ramona schreibt
und's sichtlich mit de Männer treibt.
Der Rudi hat s' scho kennt, de Goaß.
A Weib, von der a jeder woaß,
dass nur a Liabschaft für sie zäiht,
de guat verkaft is gega Geld.
In Wirklichkeit hoaßts' Reserl Grau,
a Stoidirn wars' aus Grafenau.
Der Kriag hats' einegschwoabt in d'Stadt,
wo s' boid Ramona ghoaßn hat.

Ausgrechnet de sitzt mittndrin!
Glei wieder umkehrn hat koan Sinn.
Er stellt de Leut sei Mimi vor,
ois gehörads' eahm scho seit an Jahr.
Dann sitzn s' gmüatlich beianand,
de zwoa Verliabtn Hand in Hand,
und nach a fünf, sechs Glasl Wein
singt stimmungsvoll der ganz Verein
des Liadl von der Münchner Stadt,
de ihran eignen Fasching hat:

»An Münchner Fasching
konnst net kommandiern.
Des geht einem Preißn
schwer eine ins Hirn.
Doch san ma gern lustig,
des konn jeder sehng! –
Aber nur, wenn ma mögn!
Aber nur, wenn ma mögn.

An Münchner Fasching
konnst net kommandiern.
Helau und Alaf –
geht net eine ins Hirn.
Trotzdem dean ma tanzn,
des konn jeder sehng! –
Aber nur, wenn ma mögn!
Aber nur, wenn ma mögn.

An Münchner Fasching
konnst net kommandiern.
Mir san aa gern grantig,
ohne d'Stimmung z'verliern.
Mir lacha und schmusn,
des konn jeder sehng –
aber nur, wenn ma mögn!
Aber nur, wenn ma mögn.«

D'Ramona hat de Mimi gfragt,
was sie für Gwand im Fasching tragt.
»Maschkra moan i, des is klar!«
Was ihr des Allerliebste waar?

De Mimi hat verdaddert gschaugt
und gmoant, dass sie für des net taugt.
Sie waar in ihrem ganzn Lebn
no nia auf einem Boifest gwen.

D'Ramona konn des gar net glaam.
»Ja, Menschenskind, jetzt reiß de z'samm!
I woaß, der Rudi mag des net,
weil er von Gaude nix versteht.
A Faschingsmuffl is er gwieß!
Doch wenn oans so a Schönheit is

wia du, mei liabe Mimi, woaßt,
was des fürn Münchner Fasching hoaßt? –
Reiche, intressante Männer
wern dir massig nacherenna!
Du brauchst dabei koan Pfenning Gäid,
nur einestürzn muaßt de hoit!
Du gehst im Fasching fort mit mir!
I bring dir zua de Kavalier!
Nur zimperlich derfst hoit net sei!«

»Ramona, jetza hoitst dei Mei!«
Der Rudi is dazwischngfahrn.
»He, Mimi, hör net auf den Schmarrn!
Verdammt, es muaß net jede glei
wia sie ein soiches Luada sei!«
Da weist de Mimi eahm zurecht.
»Mach mir d' Ramona net so schlecht!
I find, sie moant's doch guat mit mir,
und i bin dankbar ihr dafür,
wenn sie mi führt in d' Gsellschaft ei.
So lasterhaft werd de net sei!
I pack de Glegenheit beim Schopf ...«
Der Rudi kriagt an rotn Kopf.
»I wui, dass du net z'sammagehst
mit dera Henna da, verstehst!«

D' Ramona is beleidigt gwen.
»Wennst so redst, nacha geh i ebn!
Was woaß a Mannsbuid scho davo,
was so a Madl raushebn ko
aus dem verdammtn Alltagstrott!
Scho gar net du! – Mei liaber Gott,
warum bist glei so auf der Höh? –
De Mimi werd des gwieß versteh,

denn schließlich is sie doch net bläd,
nur wissn muaß ma hoit, wia's geht!«

Da reißt's an Rudi hoch vom Stui.
»A Ruah is jetzt! De Mimi wui,
dass ich sie hoambring, und zwar glei.
Sie geht auf deinen Schmarrn net ei!«

Was dann passiert, hat neamd erwart'.
»De Worte hättst dir besser gspart!«,
sagt d'Mimi. »I bestimm alloa,
was i in dem Foi hab zum doa!
Geh du nur hoam, i brauch di net!
I wui koan, der des net versteht,
dass i mei Lebn genießn möcht!
Brauchst net glei denka, i waar schlecht!«

Da is der Rudi zornig worn,
hat sei Beherrschung schnell verlorn.
»Na guat, na geh i ohne di!
Du bist von jetzt ab Luft für mi!
I wui nix wissn mehr von dir!«
Schnell hat er zoiht, is naus zur Tür,
is außegrennt in d' finstre Nacht.
De Mimi hat des sauer gmacht,
dass sich der Rudi hat so gift
grad in a Sach, de sie betrifft.
Und wenn er aa des anders siecht –
sie is eahm schließlich net verpflicht'!
Vielleicht hats' aa z' vui trunka ghabt
und nimmer gwusst, was sie da sagt.

Dass' guat zum oschaugn is, des woaß'.
Sie hat beim Rudi gsehng, wia hoaß

sie so a Mannsbuid macha ko.
Doch is er net der rechte Mo
für sie, des scheint ihr jetza gwieß.
Hat er net selber gsagt, wia's is:
Zum Jammern hätt er zwar koan Grund,
doch lebt er von der Hand in' Mund.
Er is a armer Schlucker gwen –
doch sie woit no was ham vom Lebn!
Und was d' Ramona gsagt hat grad
vom Fasching in der Münchner Stadt,
da is beim Rudi gwieß nix drin.
Drum hat des aa mit eahm koan Sinn.

Der Liebesrausch is rasch verflogn.
Echt schad, des muaß ma wirklich sagn.
Was a paar Stundn flammt wia Stroh,
ois glüahrad's ewig liachterloh,
is grad so schnell aa niederbrennt,
wenn sich der Mensch im Zorn darennt.

Zwoa Tag vergehnga nach dem Streit.
An Rudi duat des längst scho leid,
und wia er d' Mimi bsuacha möcht
– a kloana Ratsch waar gwieß net schlecht –,
da hängt a Zettl an der Tür.
»I wohn de nächste Zeit net hier!«,
steht drauf, mit »Mimi« unterschriebn.
Eahm is nix anders übrig bliebn,
ois dass er wart', bis' wiederkimmt.
D'Ramona war des ganz bestimmt,
de eahm des Madl hat verzogn.
Er war enttäuscht und niedergschlagn,
hat boid dann drauf an Hausherrn gfragt.
Der hat eahm dann was Schrecklichs gsagt.
Ob er net wisst, wia's um sie steht?
Dass nur no kurze Zeit vergeht,
dann müaßt des arme Madl sterm.
Des waar gwieß bitter, aa für eahm.
Er wisst net, was' für Krankheit hat.
Koa Doktor in der ganzn Stadt
kannt ihr no helfa, des is gwieß.
Er wisst aa net, wo 's Madl is.
Oa Mietn hätts' no zoiht voraus
und seitdem waar sie ausm Haus.

Der Rudi moant, eahm trifft der Schlag.
D'Ramona woaß des ohne Frag,
wo er die Mimi findn ko.
Bei ihr hängt aa a Zettl dro:
Sie waar zur Zeit für neamd zu ham,
wanns' wieder da is, kannts' net sagn.

De arme Mimi, wo kannts' sei? –
De Stadt is groß, eahm foit nix ei.
Der Rudi is verzweifed schier,
weil er so kleinlich war zu ihr.
Waar er net glei so narrisch gwen,
dann hätt's den Ärger gwieß net gebn.

Er kannt se watschn in seim Zorn.
Findt ers' net boid, is ois verlorn.
Vielleicht kannt's doch an Doktor gebn,
der eahm des Madl hoit am Lebn?

Doch d'Mimi is verschwundn bliebn.
Nur oamoi, zwischen sechs und siebn,
so hat a Freund behauptn mögn,
hätt er sie in der Tengstraß gsehng,
wias' in a Boazn einegeht.
Der Rudi schreit: »Des war sie net!
So diaf werd d'Mimi niamois foin!«
Jedoch, was hätt er macha soin?

Er suacht in jedm Tanzlokal.
Es bleibt eahm gar koa andre Wahl.
Er muaß sie findn, geht's, wia's wui,
und irgendwia hat er des Gfui,
dass er sie oamoi wiedersiecht
und sie eahm dann auf Ehr verspricht,
dass' niamois mehr a Dummheit macht,
in Liab verbundn Tag und Nacht
ihr Lebn mit eahm verbringa duat.
So, hofft er, werd no alles guat.

In Schwabing hat ma von eahm gredt,
weil er in jede Wirtschaft geht

und dort nach einem Madl fragt,
»de Mimi hoaßt«, so hat er gsagt,
»und ungfähr zwanzg Jahr oid is«.
D'Leut denka, der is deppad gwieß,
so wia er ausschaugt, leicht verwirrt,
und nachtlings durch d'Lokale irrt,
ois hätt der Mo – schwer liebeskrank –
net alle Tassn mehr im Schrank.

Er war aa bei der Polizei.
De ham eahm gsagt, es kannt doch sei,
dass sich des Madl amüsiert,
an leichtn Lebenswandl führt.

»Ham S' in d'Bordell scho einegschaugt?
Wenns' vom Charakter her nix taugt,
dann is' leicht denkbar, dass sie so
– wern S' net glei zornig, guater Mo! –
ihr Geld im Gunstgewerbe macht!«
Der Rudi haut in' Disch, dass' kracht.
»Hörn S' auf, mei Mimi is koa Hur!«
Der andre drauf: »San S' net so stur!
Wenn S' des net hörn woin, deife nei,
na gehngas net zur Polizei!«

So hat aa der Versuach nix bracht.
Jetzt schleppt er se no Tag und Nacht
durchs finsterste Amüsimang,
wo s' nackad huschn aufm Gang.

Doch alles Suacha war umsonst.
»Sag, Rudi, wenn du nimmer konnst,
warum gibst dann net endlich auf?
Dei ganze Gsundheit geht no drauf!«,

hat na der Maxl zu eahm gsagt.
»A jeder, den i triff, der fragt,
was denn mi'n Rudi is passiert,
der kimmt daher so blass und müad …
Drum sag i nomoi, gib's doch auf!
Du nimmst dein Untergang in Kauf!
Was hat dei Starrsinn für an Grund?«
»Weil ich sie gern hab, blöder Hund!
Dass sie net friert, is mei Bestrebn,
mein Mantl hab i wegagebn.
Ins Leihhaus hab i'n nübergschafft
und fürn Erlös an Muff ihr kaft.«

Dann winkt der Rudi hastig ab.
»Du brauchst net weiterre'n, i hab
scho eigsehng, dass' koan Sinn mehr hat.
Ihr Leich werd nachtlings in der Stadt
moi elend in der Gossn liegn!
So hab i's draamt. Es hat koan Sinn.
Mei letzte Hoffnung is dahi,
i konn nix macha mehr für sie.«

Und dann, gegn Ende Februar,
wia grad a strenge Käitn war,
am Abnd so uma zehne rum,
da sagt der Maxl: »Rudi, kumm,
i glaab, es is jetzt Zeit ins Bett,
denn in de Federn friert's uns net.
I woaß, dassd' an des Madl denkst.
I stell mir vor, dass' di scho längst
vergessn hat! Sei net so dumm
und schaug di nach a andern um!
Sonst werst no gmüatskrank mit der Zeit!«
Im gleichn Augnblick hat's gläut'.

Schnell springt der Rudi hi zur Tür,
reißts' auf und hoit se grad mit Müah,
wia er de Mimi drauß steh siecht,
wias' aufstöhnt und schier z'sammabricht.
»O Mimi, mein Gott, is des schee,
dass d' wieder da bist! I versteh
net, was di forttriebn hat so lang!
Kumm eina, bleib net steh am Gang!«

Er merkt, dass sie voi Angstn is.
»Für mi«, sagt sie, »war's net so gwieß,
dass du mi aufnimmst, wenn i kimm!«
Und dann no mit erstickter Stimm:
»Mir geht's net guat. I bin am End!«
Schnell is der Maxl zuawegrennt
und huift ihr ausm Mantl raus.
»Gott steh mir bei, mit mir is' aus!«,
hats' gsagt, wias' aufm Diwan liegt
und dort vor Huastn fast dastickt.
Der Rudi schaugts' erschüttert o.
»Mir hoin an Arzt, der huift dir scho!«

Doch was da liegt im Flittergwand
– der Rudi hat des sofort gspannt –
hat nur no wenig Zeit zum Lebn.
Gwieß is sie auf an Boifest gwen;
Pailettn glanzn auf der Brust …
Und so, ois hätts’ no oamoi Lust,
reißt sie ihrn Körper hoch in d’Höh,
doch dann foits’ z’samm, und weiß wia Schnee
erstarrt ihr Gsicht. Es geht dahi,
es gibt koa Hoffnung mehr für sie.

»Oh Rudi«, hats’ dann müahsam gsagt,
»fast jedn Tag hab i mi gfragt,
ob des an Wert ghabt hat, an Sinn,
dass i von dir wegganga bin.
Jetzt woaß i längst: I hab di gern.
Doch hab i denkt, i muaß boid sterm.
Drum hat mi hoit der Rappe packt.
›Was hast denn scho?‹, hab i mi gfragt …
D’Ramona hat mi einezogn
ins Luaderlebn. Brauchst mi net fragn,
wia diaf i zeitweis gsunka bin.
Und liegst im Dreck moi richtig drin,
dann kimmst kaam raus mit eigner Kraft.
Nur grad mei Liab zu dir hat’s gschafft.
I woit di hoit no oamoi sehng,
und werst du mi aa nimmer mögn …«

Da kniat der Rudi vor sie hi.
»O Mimi, jetza bitt i di:
Sei net verzagt, es is koa Grund.
Du werst ganz sicher wieder gsund!
Sag net, es gaab koa Hoffnung mehr!
Es muaß sofort a Doktor her!«

Sie hebt ihr Hand, sagt leis zu eahm:
»Es huift koa Doktor, i muaß sterm.
Oans, Rudi, wenn du mir no sagst:
ob du mi no a bisserl magst?«

Sie hat sei Antwort nimmer ghört.
Der Tod sich um koa Liabschaft schert.

Und damit is de Gschicht scho aus.
A Menschnsäi fliagt ausm Haus
pfeigrad nach obn ins Jenseits nei …
Der Herrgott werd gwieß gnädig sei.

Sie is ein armes Hascherl gwen,
hat kaam was ghabt vom Erdnlebn,
wenns aa zum Schluss no ausgflippt is.
Was i scho gsagt hab, des is gwieß:
dass ma im Lebn sich täuschn ko.
Oft moant ma, es laft so und so,
wenn d' Liab an Menschn überkimmt.
Doch was' am Schluss für Wendung nimmt,
des lasst se nia im Voraus sagn.
A bisserl Glück is schnell zerschlagn.

Oft kimmt's net zu an Happy End,
doch wer 'as Lebn a bisserl kennt,
der is von Anfang o drauf gfasst,
dass' oft net nausgeht, wias oan passt.
Wia's hoit in unsrer Gschicht aa geht.
Doch schee war's trotzdem – oder net?

Tristan und Isolde

A Liabstragödie mit Wuiderer-Einlag

Frei nach der Oper von Richard Wagner

(Lustiges Musik-Vorspiel)
Erster Akt

Blau wia der Himme überm Land,
grau wia de oide Kampnwand,
grea wia de Wiesn umadum,
so liegt der Chiemsee, nass und stumm.
A leichter Wind geht drüber her
und streichlt sanft des »Bayrisch Meer«.
A Kahn, der drauß am Weitsee schwimmt,
schee staad auf Chieming zuawekimmt.

Der Tristan sitzt am oana End,
an Steuerboikn in de Händ.
Er hat a wengerl deppad gschaugt,
des Gschäft, des hat eahm net recht taugt.
Ois Hochzeitslader soitad er
a Weiberleut vo Rimsting her
nach Chieming nüberfahrn, da wo
sei Onkel wart', derselbig Mo,
der Marke hoaßt und Kinder möcht,
damit net ausstirbt sei Geschlecht.

Der Marke war a guate Haut,
bloß hat er se ums Lebn nix traut;
statt dass er selbn nach Rimsting fahrt
und sich an Hochzeitslader spart,
hat er sein Neffn recht schee bitt:
»Geh, fahr ma nüber und brings' mit!«

Und ganz weit drübn am andern Spitz,
do hat d' Isolde ihran Sitz.
Ein süaßes Trutscherl, ohne Frag,
bloß hats' a Wuat ghabt an dem Tag.

Der Grund dafür liegt zwoa Jahr zruck.
Mit einem Gastwirt aus Seebruck
war sie verlobt scho lange Zeit,
und der hat ghabt sei höchste Freud,
wenn er am Fuaß der Kampnwand,
bei Hohenaschau umanand,
auf Hirsch und Gamsn gwuidert hat,
bis dass auf so an spitzn Grat,
wo's links und rechts steil owegeht,
der Jaager Tristan vor eahm steht
und er grad aus der Schartn kimmt
mit einem Bock am Buckl hint.
Der Tristan schreit: »Schmeiß weg dei Gwahr!«
Der ander sagt: »Is eh koa Gfahr,
es is net gladn, do kannst as habn!«
und hat's eahm aufn Schädl gschlagn.

Der Tristan hat no abdruckt schnell.
Der Wuiderer foit auf der Stell
auf d' Felsn hi und hoit si net,
stürzt links, wo's ganz gaach owegeht
a fuchzig Meter tiaf ins Kar,
wo nix wia harter Stoabodn war.
Und wennan 's Gwand net z'sammahoit,
wia er do auf den Stoa hifoit,
dann waar er ausanandergspritzt,
dass 's Z'sammakratzn nix mehr nützt.

Der Tristan hat mit letzter Kraft
den Weg zur Hüttn grad no gschafft,
wo sie, d' Isolde, Sennrin war.
Und voi Erbarmnis ganz und gar
hats' oglegt eahm an Kopfverband
und gsagt, dass er guat dobleibn kannt,

hat eahm an Schmarrn mit Weinbeerl gmacht
und eahm a Bettstatt gricht' für d' Nacht.

»A Wuiderer, den i net kenn,
hat mir den Schlag an' Schädl gebn!
Wennst nüberschaugst ins Bründlkar,
na siechst es, was für Kerl des war«,
sagt er zu ihr, und sie nickt stumm,
rennt glei drauf über d' Wiesn num
und steigt ins Kar und geht zur Wand
und kennt'n glei am ganzn Gwand;
fünf Meter weg sei greaner Huat –
er selbn liegt da in seinem Bluat:
der Morolt, was ihr Gschpusi is.
Und wer ihn umbracht hat, is gwieß,
denn bei de bluatverschmiertn Haar
auf seiner Brust, da siecht ma klar,
dass eahm der ander drobn am Grat
pfeigrad ins Herz neigschossn hat.

D' Isolde laaft zur Hüttn zruck,
reißt auf de Tür mit einem Ruck
und nimmt a Messer in de Händ –
der Tristan liegt im Bett und stöhnt.

Sie schreit: »Du hast mein Schatz ermordt!
Des büaßt du mir, und zwar sofort!«
Scho is ihr Messer ganz nah dro –
da reißt er d' Augn auf und schaugts' o,
aso vui liab, aso vui warm
in seiner Not, dass Gott erbarm.

»I ko do nix dafür, verzeih,
i schwör dir ewig Dank und Treu,

234

wenn du mir lasst mei junges Lebn!«
Des hat ihrm Herz an Stesser gebn.

Hat 's Messer aufn Tisch higlegt
und dann no seine Wundn pflegt.
Legt eahm a Efeublatt aufs Hirn:
»Des duat da guat, glei werst as spürn!«
Und kocht eahm no an Wurzltee:
»Den trinkst, na duat's da nimmer weh!«
und geht in d' Kammer nebno,
wos' lang koan Schlaf net findn ko.

»Den Blick«, hats' denkt, »vergiss i nia!«
Am andern Tag in aller Früah,
wias' aufwacht, war er hoamle fort.
Koa Pfüade Good, koa Dankeswort,
koa Zettl is am Tisch dortglegn –
und seitdem hats'n nimmer gsehng.

Doch d' Liab, de brennt und lassts' net aus,
und oft stehts' vor der Hüttn drauß,
schaugt über d' Alm und wart auf eahm;
diamoi hats' denkt, sie müaßat sterbn.

De Einsamkeit hats' schier dadruckt,
drum is' aa boid nach Rimsting zruck
zu ihrer Muatter. De hat gmoant,
dass sie dem andern nachewoant,
der in de Berg drin abgstürzt is.
»Isolde, schau, des sell is gwieß,
a Wuiderer is nix für di!
I wüsst an andern, horch auf mi:
An Marke nimmst vo Chieming drent,
der wia der Zunder nach dir brennt!

Der hat a Haus, schier wiara Schloss,
vui Grund und Viech, a sechs, acht Ross!
Fahrt mitra Kutschn übers Land!
Der kaaft dir ois an Schmuck und Gwand!
Eahm selbn kriagst aa ganz schnell in' Griff.
Sei Neffe hoit di heut mitn Schiff.
Pack z'samm dei Zeug und ziahg di o,
sonst kimmst du niamois zu an Mo!«

Jetzt fahrt der Kahn weit drauß am See.
D' Isolde moant, sie müaßt vergeh;
wias' gsehng hat, wer der Neffe is,
do gibt's ihrm Herzn einen Riss,
und wenn d' Brangäne sie net schupft,
waars' um aa Haar in' See neighupft
vor lauter Gram und lauter Wuat.
»Brangäne«, sagts', »des geht net guat!
I hoit's net aus, i bring mi um!
Geh, lang ma doch des Kastl num,
do wo de Flascherl drinna san,
a Schlückerl richt' mi wieder z'samm.
A dunklroter Saft müaßt's sei,
den giaßt ma in a Glasl ei.«

D' Brangäne is ihr Freundin gwen.
Sie woit net, dass des junge Lebn
zwengs so an Blädsinn geht zugrund
und langt ins Kastl bis an' Grund
und siecht an himbeerrotn Saft
– »Stärkt Minnelust und Liebeskraft«,
steht außen drauf in roter Schrift –
und denkt, des is bestimmt koa Gift,
und siecht net, wia des hoit so geht,
dass untn kloa »platonisch« steht.

D' Brangäne nimmt a Glas in d' Hand,
giaßt's voi bis aufe fast zum Rand
und gibt's dann der Isolde hi
und sagt: »I mach ma Sorgn um di!
Da, nimm's, des geht sofort ins Bluat,
a zwoa, drei Schluck, und ois is guat.«
D' Isolde nimmt des Glas entgegn
– sie war erregt, des hat ma gsehng –,

weils' moant, des waar der Todestrank,
der alles auslöscht, Gott sei Dank!

Sie geht damit zum Tristan hi
und sagt: »Da, nimm's, des is für di!
Werst gwieß an Durscht habn, oder net?
Du woaßt, was zwischn uns zwoa steht!
Des schwoam ma owe, bist dafür?
Z'erst du an Schluck, na gibst as mir,
und wenn ma oi zwoa trunka habn,
na is a Fried in Gottes Nam.«

Er nimmt's, ois waar's a Hoibe Bier,
trinkt d'Hälfte aus und gibt's dann ihr,
sie schluckt an Rest, schmeißt 's Glas in' See
– und dann verändern sie sich jäh.

»Ich liebe dich! Liebst du auch mich?«,
schreit er und is ganz außer sich.
»Mein Geist erbebt im süßen Wahn!
Welch edles Weib trägt dieser Kahn!
Ich wähnte dich mir abgeneigt,
doch diese hehre Stunde zeigt,
welch wonnevolle Liebeslust
erglüht in deiner süßen Brust!

Dein Geist umfängt mein bebend Herz.
O, dunklen Wähnens herber Schmerz
entfleucht wie letztes Sturmeswehn.
O zage Brust, kannst du verstehn,
welch sehnend Ahnen dir sich beut?
Nicht irdisch mehr dünkt mich die Freud!
O süßer Wahn so wonniglich!
Was wähnest du, Isolde, sprich!«

In sie is' grad so einegfahrn,
glei dampft hats' in ihrm Liebeswahn.
»Ich wähne, edler Tristan mein,
die Stunde muss Erfüllung sein!
Vergessen aller Streit und Schmerz,
nur Wahnfried noch erfüllt mein Herz!
Mein Busen bebt für dich allein,
für immer und auf ewig dein!

O süßer Wahn so wunderhehr,
mein Herz versinkt im Liebesmeer.
O wonnetrunknes Beben du,
gibst meiner Seele sanfte Ruh.
Mein teurer Tristan, trauter Held,
dein liebend Herz den Tag erhellt!

O Wahn, der in den Herzen brennt,
kein zager Zweifel uns mehr trennt!
O sel'ge Fracht in diesem Kahn!
O inbrunstsüßer Wunderwahn!
Ihr wanderwunden Füße mein,
ihr seid am Ziel, nun bin ich sein!«

Der Ruaderknecht auf seiner Bank
sagt: »Jetzt sans' ferte, Gott sei Dank!
I kanntad's nimmer lang datragn,
daat boid statt ›Chiemsee‹ ›Wahnsee‹ sagn.«
Dann nimmt er d' Fahrt a wengerl weg,
as Schiff legt o am Dampfersteg.
Damit is aus de Überfahrt;
der Marke steht scho do und wart'.

Er nimmt d' Isolde bei de Händ
und sagt: »I hätt di fast net kennt!

A wengerl blass schaugst aus im Gsicht.
Dahoam werd glei was z' essn gricht',
was' für an guatn Einstand braucht.
De lange Fahrt, de hat di gschlaucht!
Kumm, Madl, steig in d' Kutschn ei,
de andern Leut fahrn hinterdrei.
Des werd der höchste Einstand heut!
Ja weilst no da bist, so a Freud!«

(Lustiges Zwischenspiel der Musik)

Zweiter Akt

So uma drei in aller Früah,
do reit' der Marke ins Revier.
Ma woaß ja, wia's de Jaager treibn,
wenn Schusszeit is, wui koaner bleibn.
Habns' aa as höchste Wei im Haus,
a Hirsch wenn gmeldt is, druckt sie's naus.

Wia's is dann fünfe in der Fruah
– in Chieming herrscht no tiafe Ruah,
der Mond steht überm Geiglstoa,
er is scho ziemle blass und kloa,
und hinterm Untersberg werd's liacht,
weil d' Sonna langsam aufakriacht –,
do rührt se ebbas drin im Haus,
de Tür geht auf, jetzt kimmt wer raus.

O voller Liebreiz ist die Maid
in ihrem himbeerroten Kleid,
Isolde, tugendhaft und schön!
Ihr Busen bebt in süßen Wehn.
Im Haar ein Zweiglein Rosmarin,
sie geht nicht, nein, sie schwebt dahin!

Sie rafft den Traum von einem Kleid
und eilt zum Zaun; jetzt ist es Zeit,
zu löschen jener Fackel Licht,
auf dass die süße Stund anbricht.

Dem Liebsten soll's ein Zeichen sein:
O Tristan, komm, die Luft ist rein!
Schnell ist die Flamme ausgemacht.
O sink hernieder, Liebesnacht!

»O wonnehehrste aller Fraun!«,
haucht er und hupft glei übern Zaun.
»Isolde, mir gehörst du, mir!«
Jetzt steht er aa scho neben ihr.
»Dein Geist, dein Angesicht, dein Haar,
dein Wesen dünkt mich wunderbar!

Ich wähnte dich im Garten hier,
der süße Wahn trieb mich zu dir!
Was gibt es, was zurück mich hält?
Nichts, trautes Herz, nichts auf der Welt!
O Wonnestrahlen sel'gen Lichts,
nichts kann die Lieb ersticken, nichts!

So find ich wähnend dich am Zaun,
du wonniglichste aller Fraun!
Mein Herz erbebt in süßen Wehn,
komm, lass uns zur Terrasse gehn!«

Auf einer Bank aus Birkenäst
sans' zwoa Stund beianander gwest.
Z'erst wähnt sie hi, dann wähnt er her,
dann nomoi sie und wieder er,
dann wähnens' gleicherzeit mitnand,
dann hascht er gar nach ihrer Hand,
nur grad die Hand, koa bisserl mehr –
des is platonischer Verkehr.

Und nach zwoa Stund habns' endlich gspürt,
dass eahna recht – am Hintern friert.
(So Hämoridn san koa Gspaß!)
»Isolde, komm, die Bank ist nass!
Dein Kleid ist dünn, dein Arm ist bloß«,
sagt er und nimmt sie auf sein Schoß.

In dem Moment is Lärm und Krach
und jemand schreit: »Welch eine Schmach!«
Die Jagd is aus scho vor der Zeit,
ums Eck rum kimmt a Haufn Leut.

Der Marke steht zu Stoa erstarrt
und stöhnt: »Mir bleibt doch nix derspart!«
Sei Freund, der Melot, ringt nach Luft
und schreit: »Do schaugnan o, den Schuft!
Wer denkt, dass wennst du gehst auf d'Jagd,
bei deiner Braut a andrer flackt!«
Scho fahrt sei Hand ans Messer hi:
»Wennst du nix machst, derstich'n i!«

Der Tristan hebt sich von der Bank.
»Isolde, Liebste du, hab Dank!
O holder Wahn, o sel'ge Lust!« –
da fahrt eahm 's Messer nei in d'Brust.

Doch z'sammabrocha is er net.
De Leut sehng, wiara wegageht;
a wengerl schwankend war sei Gang
zum Gartntürl an Weg entlang,
der wo zum See hat owegführt.
Neamd hat was gsagt, neamd hat se grührt.
Oisam habns' denkt, der kimmt net weit,
hat grad no Zeit für Reu und Leid,
glei bricht er z'samm, glei werd was gschehng –
auf oamoi habns'n nimmer gsehng.

D'Isolde haucht: »Geliebter mein!
Dein bin ich ewig, ewig dein!«
Na duats' an langa, langa Schroa
und foit bewusstlos aufn Stoa.

(Traurige Musik)

Dritter Akt

Und wieder geht a Tag zu End.
Des rote Sonnaliacht verbrennt,
a letzte Gluat foit auf d' Hochries,
bis dass aa de verblicha is.
De Waarm vom Tag is im Vergeh,
a koider Wind streicht übern See.

Auf Herrenchiemsee liegt am Strand
glei nebnan Schuif im trockna Sand,
a Mo und über eahm a Wei,
und sie redt dauernd auf eahm ei:
»O sink hernieder, Liebesnacht,
o sel'ger Wahn, der trunken macht!
O Tristan, liebster Tristan mein,
nicht irdisch mehr dünkt mir dies Sein!«
Grad grührt habns' alle zwoa im Schmoiz,
und wer's net anders kennt, dem gfoit's.

Er hat heut früah mit letzter Kraft
den Weg zur Insl grad no gschafft.
Er woit no ruadern bis nach Prien,
des war zum Schluss dann nimmer drin.

Sie steigt in ihran Liebeswahn
gegn Mittag zua in einen Kahn
und fahrt eahm nach in Richtung Prien
und siecht sein Kahn am Ufer liegn,
steigt aus und schmeißt se glei auf eahm –
und jetzt liegns' da und redn vom Sterbn.

Habts nur koa Angst, es liabe Leut,
de Gschicht endt net in Traurigkeit!

Der Tristan sagt: »Isolde mein,
auch wenn ich tot bin, bin ich dein!«
Dann hat er no an Schnaufrer gmacht:
»O sink hernieder, Liebesnacht!«
Der Bluatverlust, der hat'n gschlaucht,
so hat er sanft sei Lebn ausghaucht.

D'Isolde bricht in Tränen aus.
»Dein bin ich übern Tod hinaus!
O Tristan mein, verlass mich nicht,
dein Scheiden mir das Herz zerbricht!«
So stirbt auch sie in ihrer Not
den ach so süßen Liebestod.

Und dann, i sag's euch, liebe Leut,
is nix mehr wia de höchste Freud.

Denn überm Fels der Kampnwand,
da leucht' a feuerroter Brand,
da duat se bis in d' Woikn nauf
der Richard-Wagner-Himme auf:

D' Frau Venus liegt am Kanapee,
dass' nackad is, des woaß ma eh.
A Ritter flackt im Liebesnest
und saugt se an ihrm Busn fest.

Der Holländer is aa do gwen,
er is bei seiner Zenze glegn
und schmust mit ihr, der oide Bock,
und sauft nebnher an steifn Grog.

Der Stolzing sitzt am stillen Herd,
hat 's Preisliad auf der Plattn ghört
und sagt zur Eva glei danebn:
»Mir san no Liadermacher gwen!
Wer heut so rumlaaft in der Brasch,
dem zoihat ma koan Pfenning Gasch!«

Der Wotan auf seim Poisterstui,
der sagt: »I dua jetzt, was i wui.
Bin froh, dass i koa Gott mehr bi!«
und dämmert gmüatlich vor sich hi.

De Elsa sitzt beim Lohengrin
und fragt: »Waarst wirkle bei mir bliebn,
wenn i net gfragt hätt, wiast du hoaßt?
Des daat i scho gern wissn, woaßt!«

Da lacht der Lohengrin und sagt:
»Es war scho recht, dassd' mi hast gfragt.
Mir zwoa waarn oid worn ohne Schwung,
und da herobn bleibst ewig jung!«

Der Vater Rhein sitzt aufm Fels
und trinkt vergnügt a Hoibe Hells.
»Floßhilde«, sagt er, »bleib moi da!
Woglinde und Wellgunde aa!
Seids froh, dass' nimmer untn seids,
der Rhein is dreckad, dass euch speibts,
wennts schwimma müaßats in der Brüah;
seids gscheit und bleibts herobn bei mir!«

Der Siegfried is beim Dracha gwen,
hat eahm a fette Bluatwurst gebn.
Drauf hat der schee a Mannderl gmacht
und Feuer gspiebn, dass alles lacht.

Auf einem Zackn hoch am Berg
sitzt Alberich, der Gartnzwerg.
Er is a weng vertrottlt scho
und freut se, dass er zaubern ko.
Er setzt an Tarnhelm auf und schreit:
»Jetzt sehgts mi nimmer, liabe Leut!
Schaugts her, jetzt dua i'n wieder ro –
und bi auf oamoi wieder do!«

Der oide Schwan vom Lohengrin
schaugt etwas traurig vor sich hin.
Er hat scho bessre Zeitn gsehng.
»De Leut, de daatn mi scho mögn,
koa Vogl is so schee wia i!
Nur grad de Herrn von der Regie,

de habn für Schönheit ja koa Hirn
und dean mi dauernd abstrahiern!«

D' Sieglinde richt' a Brotzeit her;
der Siegmund sagt: »Der Rippenspeer,
der hat fei arg vui Knocha, woaßt!«
und ziahgt sei Schwert, des Nothung hoaßt,
haut ausanander mit oan Wisch
den Batzn Fleisch mitsamt an Tisch.

Und so habn alle eahna Freud.
D' Brünnhilde putzt ihr Panzerkleid
und sagt: »Es is a bisserl eng,
i hab's net gern, des Neigezwäng;
moi schaugn, ob se was anders schickt,
des net so z'sammabaazt und zwickt.
Wia hoaßt des neue Sprücherl nur? –
Ach ja! ›Triumph krönt die Figur!‹«

Und ganz obn drobn, schee in der Mitt,
ein Haflinger-Walkürenritt!

Der Wotan schreit auf oamoi laut:
»Passts auf, moi alle heragschaut!
Da untn kemma nomoi zwoa,
de passn guat in unser Gmoa.
Habts ghört, do unt, kemmts aufa do!
Ihr zwoa, ihr gehts uns grad no o!«

Der Siegfried nimmt sei Horn in d' Hand,
blast owa von der Kampnwand.

Und aus den Woikn kommt hervor
der Pilger- und Matrosnchor.

De habn jetzt oan Verein aufgmacht,
de Konkurrenz, de hat nix bracht.
Und gsunga habns' a bayrischs Liad,
der oide Sachs hat's dirigiert.
Des Liad vom Fensterstock is gwen,
und gsunga habns'es so vui scheen.

Der Wagner-Himme steht weit auf,
vo untn kemmans' langsam rauf.
Der Feuerzauber, der hat gleucht –
jetzt habns' de Woikn grad erreicht.

O welch ein Anblick, rein und hold:
d' Isolde und ihr Wonnebold!

Weitere Bücher aus dem Rosenheimer Verlagshaus

Opern auf Bayrisch

Mozart, Verdi und Wagner einmal anders! Auch im ersten Akt der »Opern auf Bayrisch« hat Paul Schallweg den Inhalt bekannter Opern in originelle Mundartverse gegossen. Dieser Sammelband bietet ein wunderbares Lesevergnügen. Von »Aida« – dem Liebesdrama am Nil nach'm Verdi-Sepp – über »Der Fliagade Holländer« bis zu »Carmen« oder »Tannhäuser«: alle sind hier versammelt und vor oder nach, anstatt oder während eines Opernabends gleichermaßen empfehlenswert!

Opern auf Bayrisch
Paul Schallweg
328 Seiten
ISBN 978-3-475-54025-7